教育部人文社会科学研究青年基金项目“‘赔钱减刑’的根据研究”（项目批准号：15YJC820014）

西南大学中央高校基本科研业务费专项资金资助项目“‘赔钱减刑’的制度设计研究”（项目批准号：SWU1709611）

西南大学中央高校基本科研业务费专项资金资助项目“刑事法学基础理论重塑与应用研究——对刑事司法实践重大疑难问题的回应”（项目批准号：SWU1709126）

西南大学三峡库区经济社会发展研究中心研究系列

“赔钱减刑”价值研究

付小容 

PEIQIAN JIANXING JIAZHI YANJIU

人民出版社

序

到落笔写序时，付小容当年在美国某大学宁静角落构思和写作的身形、神情随即浮现于脑海。作为职场女性，兼顾大学教职与家事之繁忙和艰辛程度令所有的过来人都会感同身受，好在写作的同时有着几多充实，有着一份收获。

首先，选择赔偿减刑的题目是具有挑战性的。

在存在直接被害人的犯罪中，追问"赔钱减刑"的理论根据既具有超越规范刑法体系的法哲学思考的性质，又须深入细节，借助于精细解释刑法条文阐释和印验其理性取向。正是如此，犯罪人因赔偿被害人的物质损失和精神伤害应否获得从宽处罚，看似规范刑法学中一个不大起眼的实践性话题，追问和清晰解答赔偿与刑罚的应然关联，难度却超出人们的预想。

深入研究二者互动，那些困扰裁判者的难题，尤其是深度纠结于被害人、犯罪人和其他人权益冲突与错位而导致的抉择困难，必然摆在研究者面前，为此投入时间和心力，不言自明。

赔偿虽然具有实质弥补犯罪损害的正功能，因赔偿而减刑却多少沾有"贿买司法"的历史污名。"十字衙门朝南开，有理无钱莫进来"的民众记忆，加上"以钱买刑"衍生量刑不公的当下大众心理，要求研究者在回应理论分歧与实践争点时对此清晰辨析和明确界分，由此说服他人和自己，还赔偿于真面目，并非易事。

行为人侵权、犯罪通常可能只是侵害程度的不同，其中犯罪评价及其损害补救须有刑法与民法的联合出手，清晰梳理和展开分析刑法与民法的复杂关联，研究者必须具有公法和私法的系统知识储备和理论基础。

其次，笔者将赔偿与刑罚的理性根据一并放在责任基础上讨论，定位准确。

正如伯尔曼所言，“规则只有在制度、程序、价值和思想方式的具体关系中才具有效性。”其中，价值是抽象刑法教义和践行经验逻辑的思想基础。价值目标明确，法律思维主线才有可能清晰，规则才起作用。这也是体系性思考赔偿与刑罚关系的基本要求，刑罚配置中留给犯罪人赔偿一席之地，必然引出赔偿的民事责任与承受刑罚后果之间的关联，透析二者的共有价值基础才可能整合公法和私法的功能。这里，解析德日刑法中的“有责”，中文语境的“责任”，法律语境中的刑法后果、民法后果等一系列概念术语，必然将讨论集中于两个关联性问题——谁做出的危害，如何合理回应这种危害。民事责任和量刑的责任主义，都是立足于危害事实，这一客观性有效抑制了国家刑罚权的冲动性行使。二者都是事后反应，不仅为整合赔偿与刑罚夯实了正当化价值基础，放开责任视野和整体评价犯罪的法律后果，还令刑法走出了纯粹报应的狭窄思维。

最后，笔者将赔偿与刑罚的理性根据一并放在恢复法秩序的目标上，符合现代法治理念，尤其有利于树立社会生活的规则意识。

在刑事法活动中，运用“覆水难收”的表层的生活经验去诠释“行为与责任同在”的原理，往往过于机械。在侵犯他人人格权、经济犯罪和轻伤害犯罪中，被犯罪侵害了的人际关系往往可以修复，如果诸此修复包括物质赔偿是由犯罪人主动完成的，适当出让刑罚空间，肯定这一行为，以及他人与法律合作，就具有合理性。这如同在更大空间认知水循环的科学道理一样，动态考察和评价行为危害社会程度的降低，以及敌视漠视社会规则的态度的改变，将赔偿和刑罚合成且动态评价个人行为，更具理性。此外，如此机械理解行为刑法，结论也不尽合理。过去一段时期，最高人民法院在相关司法解释将“无能力赔偿损失在三十万元以上”作为交通肇事罪的定罪标准，曾经遭到一些学者的批评，穷人坐牢，富人以钱买刑，导致实质不公平，是最有力的理由。其实换种说法，被害人经赔偿后损失仍达三十万元以上的，以犯罪人危害公共安全和侵害了他人财产权为由对其治罪，是存在足够理由的。

当然，系统讨论“赔钱减刑”的制度表达，不仅需要解决其价值基础和理性根据，更具难度的研究是通过细致规范分析和量化研究，寻求赔偿与刑罚结合的有效路径。在这一层面看，该书研究仅仅是开始，期待作者今后持续研究的成果。

是为序。

王利荣

2018 年 3 月 26 日于重庆埝山苑

目　录

前　言

本书所说的“赔钱减刑”是指在有具体被害人的刑事案件中，犯罪嫌疑人在量刑前主动赔偿，人民法院在具体考察赔偿对其行为的社会危害性和人身危险性影响大小的基础上，将赔偿作为一个量刑情节所做出的刑罚从宽裁量。“赔偿”是指在有具体被害人的犯罪中，针对犯罪行为对具体被害人造成或可能造成的物质或精神损害，犯罪人通过主动的金钱赔付、提供劳务等方式恢复或部分恢复被害法益的行为。该“赔偿”既非《中华人民共和国刑法》（以下简称《刑法》）第36条刑事附带民事诉讼中的“判决赔偿”、《刑法》第37条非刑罚处罚措施中的“责令赔偿”，亦非返还原物之“退赃”或因原物损坏等缘故而实施的“退赔”。

严格来讲，“赔钱减刑”并非法律术语，之所以适用这一不甚准确和规范的概念，旨在引出合理评价一个行为法律责任的问题域。与“赔钱减刑”相比，或许“赔钱轻罚”的称谓或者“赔偿影响量刑”的说法更能准确表达笔意，也更符合事实，但考虑到在司法实践和诸多理论研究中，论者甚至社会批评的意见都已基本接受“赔钱减刑”的提法，为使本书具有更强的针对性，也为更好地回应民众质疑，本书遵从社会一般称谓，把犯罪人赔偿影响量刑的现象统称为“赔钱减刑”。

透视国外刑法史，犯罪赔偿通常在决定犯罪法律后果时发挥重要作用，尽管这一作用难以准确估测和透彻说明。在我国，“赔钱减刑”亦大量存在于刑事法实践，近年来，从潘洪军案、周云雄案、孙伟铭案、杭州飙车案到近期引发较大争议的聂李强案，典型案例不胜枚举，“赔钱减刑”的司法适用如火如荼。然而，在立法方面，虽然“赔钱减刑”获得了一定的规范支持，但就刑法而言，较明确的规定还只停留在个别司法解释层面，并没有上升到立法高度，学界而言，无论是规范刑法学理论还是刑事政策学，“赔钱减刑”似乎都是一个忌讳莫深的话题。故而，立法上的不明确，系统性理论论证的缺失，司法中的频繁适用，加之“赔钱减刑”具有的现实敏感性和先天不足，都使“赔钱减刑”的实践做法极易遭致民众猜忌和质疑。但现实中，这些猜忌、质疑甚至抵触仍然未能抵挡住刑事法实践的步伐，“赔钱减刑”在质疑声中一路高歌猛进。只是，由于缺乏规范依据和理论支撑，正当性论证不够，最终难以将赔偿合理引入刑事司法理论的核心之中，“赔钱减刑”始终只能作为一种隐性司法存在，犯罪人赔偿也只作为酌定情节在量刑中予以适用，“赔钱减刑”则在某种意义上演变成了为解决现实问题的无奈之举和“息事宁人”的现实妥协。由于“名不正”“理不清”，在适用中还不得不“遮遮掩掩”，加之各地个案判决结果又存在差异性，更加印证了民众的质疑和猜忌，加深了民众的不信任和批评，所以，二者之间形成了一种恶性循环关系。

立足现实，直面质疑，理论上应清晰解释不同法律性质的民刑责任何以在特殊场合发生关联？“赔偿”缘何可以归入量刑责任主义范畴，且不违背平等原则？民事手段应否以及如何渗入刑事惩罚？惩罚性司法与恢复性司法该以何种方式融贯一体？

本书旨在系统回应质疑与批评中清晰解释赔偿之于责任刑和预防刑裁量的影响，阐释“赔钱减刑”的价值根据，最终“赔钱减刑”的合理性被证实也好，证伪也罢，力求从刑事法理论及“赔钱减刑”价值根据本身进行透彻论证，由此回应公众质疑，并正其名分，此为本书写作目的之一。

目的之二是，虽然肯定“赔钱减刑”具有积极价值，“赔钱减刑”有必要获得正当实施，但又必须防止“赔钱减刑”被滥用，所以，本书在阐释“赔钱减刑”积极价值的同时，也一并揭示其“先天”不足和现实风险，正视其价值冲突，以还原其本来面目，用尽可能全面、周到的视角透视“赔钱减刑”现象，揭示“赔钱减刑”的本来面纱。在我看来，“赔钱减刑”既非拯救被害人的“天使”，也并非扰乱司法公正的“魔鬼”，“赔钱减刑”的自生自发，有历史和情理依据，也符合法理价值，但“赔钱减刑”的正当性与合理性须置于特殊的犯罪类型、赔偿主体和对象、赔偿时间甚至一定时空的人际互动等综合和动态因素组成的特殊语境下讨论。对“赔钱减刑”积极价值的充分揭示，有助于正当化其法律地位，对其先天性弊病和现实性不足的理性剖析，则是为了对其划定合理边界，防止过度放大其功效而化解责任，进而更为合理地规制和适用犯罪人“赔偿”情节。此为该选题和专著内容设计的初衷。

基于上述写作目的，本书的行文逻辑是，从现象入手，通过对现象的梳理，立足刑法基本理论阐释和分析问题与本质，突出问题意识，并针对现实风险提出风险应对的基本思路。其中一并探讨民事措施应否以及如何渗入刑事惩罚，惩罚性司法与恢复性司法应以何种方式融贯一体等理论问题。

本书在论证“赔钱减刑”的价值根据时，既注重了对赔偿功利性价值的分析，更是在刑法学界普遍忽视甚至排斥“赔钱减刑”责任刑根据之当下，力图通过破解“覆水难收”之瓶颈，突破“行为与责任同在”的一般理解关联赔偿与刑罚，基于因赔偿降低实害的事实阐释其责任刑根据，揭示犯罪人赔偿与客观“恶”和主观“害”的内在关联，以及犯罪人自我交付的“自罚”属性，证成行为人责任刑的降低，完成对“赔钱减刑”积极价值的全面揭示，具有系统化赔偿与刑罚关系的理论意义。立足犯罪发生机理以及恢复性司法等理念提出的“赔钱减刑”，蕴含了对报应性刑罚理念的反思，有助于丰富和完善犯罪法律后果理论，拓宽犯罪治理的视野。

在写作视角上突破了大多数学者仅从现实需要出发讨论“赔钱减刑”的现状，在量刑基本原则和范畴下，从量刑机制内部论述其正当化根据，既是对传统量刑理论和原则的践行与迎合，通过恢复性司法视角的展开，还具有突破传统量刑理论的意义。针对民众质疑，也不是采用回避的态度，而是仔细梳理了各领域冲突和争议的焦点，并以回应的态度完成了对问题的剖析和部分回应。

“赔钱减刑”现象的研究本应在立足大量的实证分析基础上展开，然而事实上，虽“赔钱减刑”量刑实践无处不在，针对该情节，量刑过程却总显得“遮遮掩掩”，“赔钱减刑”在大多数判决书中几乎都是一笔带过，并没有对赔偿情节的具体阐述，更没有对赔偿与刑罚关系的细致说明，所以，在关联性数据统计困难的现实情况下，加之自身惰性，导致本书实证分析不足，在内容上也仅完成了“赔钱减刑”价值根据的理论论证部分。由于自身知识功底浅薄以及先天愚钝，本书中定有许多“一知半解”的理解和评论，在此，对被我误读以及发现我误读的专家同仁表示歉意，对于其他诸多问题，也恳请方家不吝指正。

第一章　讨论的基础与问题

赔偿与量刑的关系，可以追溯至原始社会①。日耳曼部落统一法（the consolidated laws of Germanic tribes）针对杀人罪规定了金钱赔偿，而针对犯罪造成的轻微损害，除少数例外，亦有同样庞大的金钱赔偿制度②。表明在欧洲氏族部落时期，赔偿是犯罪的一种主要后果，奴隶社会用立法形式确认了这种原始惯例，"赔偿"与犯罪的关系自始更为明确，并从此始终作为一种最主要的法律后果存在于法规范中。譬如，作为迄今为止所知的人类历史上最早的法典——《乌尔纳姆法典》，现仅存26条规定，根据这26条条文的规定，对于侵害行为，全部采用赔偿金的方式解决③。再如，在《赫梯法典》的整个两百条条文中，涉及死刑和肉刑的只占全部条文的6%，其余则全部以赔偿金的形式处罚④。在刑事司法历史上，伴随对犯罪的处置，无论其理论地位如何，"赔偿"都无处不在，并在具体刑罚裁量过程中发挥了一种难以评估与透彻说明的作用。

今天，纵观世界各国立法，不难发现，不少国家和地区的刑事立法都

① 参见贾彬：《论原始社会犯罪人赔偿制度》，《犯罪研究》2009年第5期。

② 参见［英］梅因：《古代法》，沈景一译，商务印书馆1959年版，第208—209页。

③ 参见朱承思、董为奋：《〈乌尔纳姆法典〉和乌尔第三王朝早期社会》，《历史研究》1984年第5期。

④ 参见马海峰：《〈赫梯法典〉特征初探》，载《法律文化研究（2008）》，中国人民大学出版社2008年版，第365页。

确认了犯罪人赔偿在量刑中的重要地位,典型立法如《德国刑法典》第46条a之规定,该条规定:"行为人努力与被害人达成和解,对损害全部或大部分予以补偿,或认真致力于对损害进行补偿的,或在行为人可自主决定补偿或者不补偿的情况下,对损害进行了全部或者大部分补偿的,可依照《德国刑法典》第49条第1款规定减轻刑罚,如果科处的刑罚不超过1年自由刑或不超过360单位日额金之罚金刑的,可免除刑罚"①;《俄罗斯联邦刑法典》第61条也规定了减轻处罚的情节,包括在犯罪之后立即对被害人给予医疗救助或其他帮助,自愿赔偿犯罪所造成的财产损失或精神损害,以及其他旨在弥补被害人的行为②。此外,意大利、瑞典、韩国等国以及我国台湾、澳门地区的刑法典也都有类似规定。在中国大陆地区,"赔钱减刑"引发热议源于广东东莞市中级人民法院(2006)东中法刑初字第333号判决书,该案是广东东莞中院采取"赔钱减刑"的典型案件③。一般认为,该案是"赔钱减刑"一词的词源,自该案起,学界围绕"赔钱减刑"展开了一系列争论。

第一节 "赔偿"的基本含义与性质

前已提及,本书所指的"赔偿",是指在有具体被害人的刑事案件中,

① 徐久生、庄敬华:《德国刑法典(2002年修订)》,中国方正出版社2004年版,第17页。

② 参见黄道秀:《俄罗斯联邦刑法典》,中国法制出版社2004年版,第25页。

③ 该案基本案情如下:2005年11月1日晚,被告人王某抢劫致被害人蔡某死亡。在公诉机关提起刑事诉讼的同时,被害人的家属也依法提起了附带民事诉讼。得悉该案致使被害人一家的生活陷入极端困顿的境况后,法官组织案件双方当事人进行调解。被告人王某的家属同意先行赔偿原告5万元人民币,原告对此结果表示满意,被告人也表示要痛改前非。最后,在双方真实意思的基础上,法官依照法律,对被告人王某作出从轻处罚,一审判处王某死缓。具体参见 http://news.sohu.com/20070131/n247943929.shtml。

针对犯罪行为给被害人造成或可能造成的物质、人身或精神上的损害，犯罪人通过主动的金钱赔付或提供劳务等方式恢复或者部分恢复被害法益的行为。该“赔偿”既非《刑法》第37条非刑罚处罚中的“责令赔偿”、《刑法》第36条刑事附带民事诉讼中的“判决赔偿”，亦不完全等同于“退赃”或“退赔”。具体来讲，从研究范畴上看，有如下关联性概念需要澄清。

1. 非刑罚处罚中的“责令赔偿”

《刑法》第37条规定：“对于犯罪情节轻微不需要判处刑罚的，可以免予刑事处罚，但是可以根据案件的不同情况，予以训诫或者责令具结悔过、赔礼道歉、赔偿损失，或者由主管部门予以行政处罚或者行政处分。”该条所规定的“赔偿损失”一般称作非刑罚处罚措施中的“责令赔偿”。“责令赔偿”应包含如下特征：首先，作为非刑罚处罚方法的“责令赔偿”是在犯罪情节轻微不需要判处刑罚的情况下适用的，实质上犯罪人支付了一定的赔偿金后便免除了对他的刑罚处罚。作为一种处罚方法，“责令赔偿”事实上补充了刑事责任方式，使刑事责任的承担方式变得多样化。其次，“责令赔偿”虽然是非刑罚处罚方法，但既然是犯罪法律后果的一种，作为对犯罪人犯罪行为之否定，法院可以依职权直接裁判，表现出单方面的决定性和强制性，“责令”即是对该种强制性和单方面性的表述和强化。最后，从内容上看，“责令赔偿”应适用于有具体被害人的案件，赔偿的范围，除了赔偿被害人直接物质损失外，对其他权利的损害也可以通过赔偿损失给予补偿，也即，该赔偿不仅包括物质损害赔偿，也当包含人身损害以及精神损害赔偿。

2. 刑事附带民事诉讼中的“判决赔偿”

《刑法》第36条规定：“由于犯罪行为而使被害人遭受经济损失的，对犯罪分子除依法给予刑事处罚外，并应根据情况判处赔偿经济损失。

承担民事赔偿责任的犯罪分子,同时被判处罚金,其财产不足以全部支付的,或者被判处没收财产的,应当先承担对被害人的民事赔偿责任。”该条所称的判处赔偿经济损失一般称作刑事附带民事诉讼的“判决赔偿”,根据该条规定可知,“判决赔偿”是法官根据具体的案件情况,以及被害人遭受的具体损害做出的强制判决赔偿,并且不具有刑罚替代之作用,赔偿的前提是“犯罪行为使被害人遭受经济损失”。从该条规定以及相关司法解释看,“判决赔偿”的赔偿范围只是针对物质损失的赔偿,不包含精神损失赔偿。关于该条款规定是否合理,后文将作进一步阐述。另外,判决赔偿优先于刑罚措施的“民事优先”原则,体现了刑法对具体被害人的基本权利的关注和保障。

3. 退赃、退赔

《刑法》第 64 条规定:“犯罪分子违法所得的一切财物,应当予以追缴或者责令退赔;对被害人的合法财产,应当及时返还;违禁品和供犯罪所用的本人财物,应当予以没收。没收的财物和罚金,一律上缴国库,不得挪用和自行处理。”该条中的“责令退赔”包含了“退”和“赔”两个方面的内容,相对于没收财物和罚金上缴国库的规定,“退”和“赔”的对象都是针对被害人而言的。并且,“赔”不是其主要目的,对于犯罪分子非法所得之财物,有具体被害人的,首先是退还给被害人,以弥补被害人的现实损失。在财物已经挥霍、损害的情况下,如果不能够实现“退”,则用犯罪人的“赔”来替代之。① 通过退赃、退赔的立法规定和司法中的强制和鼓励犯罪人退赃退赔行为,能够在一定程度上降低被害人已然的经济损失,因而,在相关司法解释中,追缴、退赔的情况被人民法院作为量刑情节予以适用,也即,退赃、退赔可作为从轻量刑情节。

① 参见侯雪:《刑事损害赔偿法律制度研究》,博士学位论文,吉林大学,2010 年,第 82 页。

4. 民事侵权赔偿

根据《中华人民共和国侵权责任法》(以下简称《侵权责任法》)的规定,民事侵权赔偿是由平等民事主体之间的侵权行为引起的民事责任,是指行为人因侵害他人民事权益而依法应当承担的赔偿责任。由于民事赔偿以行为人的违法行为造成被害人损失为前提,因而,民事赔偿的主要性质和用途在于填补损失、救济被害人;根据现行立法和司法规定,民事赔偿的范围既包括财产损害、人身损害,也包括精神性伤害;赔偿损失作为民事法上法定的责任形式,具有强制性的属性。

5. 刑事赔偿

刑事赔偿是指国家对司法机关及其工作人员在行使职权过程中造成的公民、法人或者其他组织合法权利的损害进行的赔偿①。刑事赔偿的主体是国家和受害方,赔偿并非基于犯罪产生,而是相关机构或个人在行使侦查、起诉、判决以及监狱管理活动中的侵权行为所致。根据《国家赔偿法》的规定,请求赔偿的范围既包括财产性侵害,也包括人身侵权赔偿。

相对于"责令赔偿"和"判决赔偿",本书语境下的"赔偿"具有"自为"特性,是犯罪人在损害发生后、法院宣判有罪前做出的主动、积极的行为,不管是出于悔罪动机还是基于"易刑"的交易心理,犯罪人对被害人的赔偿都具有自主性或称自为性;相对于"退赃"和"退赔"对非法所得部分"退"的属性,赔偿既不一定严格按照被害人的损失大小支付赔付数额且限于侵害他人物质利益的犯罪,还可以是犯罪人基于对已经造成的人身或者物质损害现实,通过赔偿予以被害人精神抚慰,因而通过对犯罪人赔偿能力的评估辨析其主观态度,是研判赔偿刑法意义的必由路径;与

① 参见翁怡洁:《刑事赔偿制度研究》,中国人民公安大学出版社 2008 年版,第 8 页。

民事赔偿相似，同时区别于其他赔付方式，基于犯罪人自愿的足额赔偿具有自行承担综合法律责任的属性，亦具有彰显特殊预防效果的实际价值。

由于从属于行为人有过错，且以承担刑事责任为前提，犯罪人自行赔偿起因于刑事损害，具有“因罪而罚”的性质，是犯罪的法律后果；从责任类型上看，犯罪人自行赔偿的内容和范围不时重叠于民法上典型的侵权法律后果。故而，在刑民之间，犯罪人赔偿，包括自行赔偿的类型和各自性质的甄别都成了困扰法学界的问题，至少在中国大陆地区，它是两大部门法基础学说及应用理论上的薄弱环节。“刑法学家将赔偿交给民法学家去研究，民法学家却认为它属于刑法和刑事诉讼的问题。”①

在国外，早期刑事社会学派学者已经看到了突破刑民界限、整合赔偿与刑事责任对于预防犯罪的重要意义。菲利曾说，在给付一定数额的金钱作为罚金和给付一定数额的金钱作为赔偿之间看不出有什么区别，将民事与刑事措施绝对分开是一个错误，因为它们在预防某些反社会行为上应当是一致的②。当前，即使是最讲求理性思维和以恪定刑法逻辑自洽性为要旨的规范刑法学者也看到了个人行为的综合责任所具有的特殊价值。比如，日本的高桥则夫教授在把刑事责任界定为是犯罪人对国家所承担的责任、民事责任是加害者对被害者所承担责任之基础上，提出了“修复责任”类型，指出修复责任是加害者对被害者乃至社区所承担的责任，认为，无论是自行赔偿还是责令赔偿都具有修复的性质。③ 在德国，罗克辛、魏根特等刑法学者都确认了赔偿的刑法意义。罗克辛教授更是

① ［意］恩里科·菲利：《犯罪社会学》，郭建安译，中国人民公安大学出版社 2004 年版，第 149 页。

② 参见［意］恩里科·菲利：《犯罪社会学》，郭建安译，中国人民公安大学出版社 2004 年版，第 147—148 页。

③ 参见［日］高桥则夫：《规范论和刑法解释论》，戴波、李世阳译，中国人民大学出版社 2011 年版，第 20 页。

在综观德国立法例和判例的基础上，将损害赔偿的作用抬升到与刑罚和保安处分相并行的位置，在他看来，即使是犯罪人自行赔偿，赔偿独立的、重要的法律功能足以令其成为介于刑罚与保安处分之间的“第三轨”①。

在我国大陆地区的相关理论研究中，关于“赔偿”的性质问题，存在刑事说、民事说与复合说之争②。刑事说认为，赔偿以构成犯罪为前提，是在刑事诉讼过程中提起，并由同一审判组织在追究被告人刑事责任的同时所附带的赔偿，应属于刑事诉讼的范畴，具有刑事法性质③。民事说认为，虽然赔偿以犯罪为前提，虽然民事责任可能在一定程度上实现处罚目的，但仅是刑事责任的实现方式，却不可能改变自身的本质，并没有变成刑罚方法，因此，作为民事责任方法的赔偿仍属于民事责任④。复合说则认为，赔偿是一种将刑事责任和民事责任结合在一起的综合责任，它不完全等同于普适意义上的刑事责任或民事责任，而是二者结合后形成的一种特殊责任⑤。

上述赔偿一般是指犯罪人对犯罪损害做出的被动赔偿，与本书讨论的主动赔偿不尽相同，但两者的区别仅在于承担责任的方式不同，赔偿都是核心词，继而，赔偿的性质应当是相同的。笔者认为，犯罪人针对损害自行赔偿是以犯罪为前提的，作为可以从轻、减轻刑罚的情节，赔偿在特定范围影响刑罚的评价已是事实，理当归属于刑事法范畴。要言之，无论

---

① 参见［德］克劳斯·罗克辛：《德国刑法学总论（第1卷）》，王世洲译，法律出版社2005年版，第55页。

② 但是，我国学者争论的刑事损害赔偿事实上主要针对的是刑事附带民事诉讼中的“判决赔偿”，其实并非本书所说的犯罪人主动赔偿行为，但二者其实都是犯罪人针对自己的犯罪行为承担的赔偿责任，在性质上具有相同性。

③ 参见徐静村、樊崇义：《刑事诉讼法法学》，中国政法大学出版社1994年版，第261页。

④ 参见张洪成：《非刑罚处罚方法论要——以赔偿损失为视角》，《福建政法管理干部学院学报》2008年第4期。

⑤ 参见姜涛：《犯罪赔偿：刑法实现的另一条道路》，《黑龙江政法管理干部学院学报》2007年第1期。

是否自愿，犯罪人赔偿本质上都是刑事责任方式及内容之一；只是，尽管具有承担部分刑事责任的属性，由于犯罪人赔偿与民事侵权赔偿的规则没有本质的区别，故而犯罪人赔偿可视为用民事手段承担的刑事责任。因为，一方面，“赔偿”发端于犯罪行为，是犯罪的法律后果，具有“因罪而罚”的性质，自然可以也应该作为刑事责任的承担方式，如果把赔偿责任和刑事责任作为两种并列的责任，势必出现有具体被害人的刑事案件和无具体被害人的刑事案件量刑不均的结果，也会招致犯罪人赔偿执行不力的后果。反之，在犯罪人的犯罪行为既损害了公法益，又造成了私人利益的损害时，把犯罪赔偿与刑罚处罚一起作为刑事责任的承担方式，从总的惩罚量中减去已经承担的赔偿责任，才是其最后应受的刑量，这是量刑均衡的应有之义，也是本书观点——“赔偿”可以“减刑”具有正当性的前提。另一方面，赔偿以损害为条件，刑罚以危害为基础，赔偿针对被害人，刑罚针对的是法益及法益遭遇的危险，二者仍有区别，犯罪人赔偿与其他侵权赔偿一样仍然具有民事责任的特征，不能等同于独立的刑罚方法。

在笔者的理论论证以及制度建构中，“赔偿”都只具有影响刑罚轻重的意义，而非一种独立的刑罚方法，抑或“第三轨”，不能作为犯罪的法律后果独立适用。因此，笔者的程序设计也通常是在犯罪人积极赔偿之后，裁判机关将赔偿行为作为一个量刑情节，在综合各量刑情节的基础上，通过对犯罪的实害性以及犯罪人人身危险性的考察，裁定犯罪人应得的刑罚，故而称作“赔钱减刑”。所以，一定程度上讲，赔偿与刑罚之间是存在显著区别的。首先，二者在基本构造上存有差异。赔偿中追究责任的主体是被害人，责任根据是犯罪造成的损害，承担责任的主体是加害人；刑罚的本质是一种剥夺性痛苦，追究责任的主体是国家，非难的对象是犯罪行为，承担责任的主体是加害人。其次，二者在价值理念上存在差异。作为前提，刑罚与赔偿之间虽然都需要行为不法，行为人需要承担责任为前提，然而，在制度设计方面，二者存在理念上的差异性。赔偿以恢复和补偿为主要价值追求，刑罚以满足报应和犯罪预防为主旨。赔偿表现为对损害的补偿，刑罚则更注重对犯罪行为的非难，由此决定二者的法律效果也必然存在差异。赔偿虽也有报应和预防犯罪的功能，但却是立足于填补已经造成的损害，是直接指向被害人利益的，是对已然损害的恢复和弥补，在被害人保护以及秩序恢复方面具有突出的现实意义；刑罚通过报应和预防体现回顾与前瞻性机能。只是，正如赔偿的刑法意义不宜过度夸大一样，很多时候，单用刑罚是谈不上保护被害人利益的，尤其是将国家利益或公共利益放大到极致的时候，真正的被害人甚至会被整个刑事诉讼活动所遗忘；当犯罪人以坦白认罪等方式与司法机关合作的时候，被害人利益的保护也可能被淡化。

第二节　“赔偿”范围与“减刑”幅度

“赔钱减刑”是在确认“赔偿”之刑事责任性质的基础上，裁判机关综合犯罪事实，根据犯罪人责任刑与预防刑大小做出的刑罚从轻裁量。进而，对赔偿形式的确认，犯罪人做出的“赔偿”行为的认定，以及可“赔偿”范围等的划定，是“赔钱减刑”发动的基础和“减刑”的依据。

就“减刑”而言，根据《刑法》第78条第1款的规定，减刑专指行刑中对原判刑期或刑种从宽式的变更。减刑是指被判处管制、拘役、有期徒刑和无期徒刑的犯罪分子，在刑罚执行期间，由于确有悔改或者立功表现，将其原判刑罚予以适当减轻的制度，并非本书所指的量刑阶段的“减刑”。由于本书言下的“赔钱减刑”是指将犯罪人已然做出的赔偿行为作为量刑情节，在综合考虑犯罪行为的社会危害程度和行为人人身危险程度的基础上，做出的从宽量刑裁决，它极易遭遇来自学界的质疑，“以钱买刑”“拿钱买命”也都因存在贿买司法的巨大风险，同时引起公众的高度警觉和情绪反弹。因此，赔偿对于刑法任务而言的正功能须有前提，赔偿范围与方式不只是赔偿制度建构的内容，还是决定其正当性的必要条件。

一、“赔偿”方式

自有犯罪赔偿开始，赔偿的主要方式便是由侵害方对受害方给予一定的经济或物质补偿。典型的立法例如《汉谟拉比法典》《罗马法》以及《阿奎利亚法》①。时至今日，金钱赔偿仍然是犯罪人赔偿的主要方式。所谓金钱赔偿，是指犯罪人通过支付货币的方式补偿被害人因犯罪行为所遭受的物质、人身或精神上的损害。这是一种最为便捷也最容易衡量赔偿效度的赔偿方式，适用范围最为广泛，但是现实中由于赔偿主体的赔偿能力存在差异，当犯罪人有赔偿意愿却无赔偿能力时，金钱赔偿往往无法执行，由此不仅无法保障被害人利益，也会影响到对犯罪人的事后评价。因而，当赔偿主体经济能力低下，无法完成金钱赔偿时，笔者赞成以行为赔偿作为补充方式，在征得被害人同意的情况下，由犯罪人以履行劳务、生活帮助等形式补偿被害人损失。该赔偿方式不仅可以起到补充赔偿手段的作用，通过犯罪人为被害人提供劳务的过程，还能起到促进沟通、融洽关系的作用。犯罪人通过这样的过程，对其行为矫治，以及再社

① 《汉谟拉比法典》第209条规定：“倘自由民殴打自由民之女，以致此女堕胎，则彼因使人堕胎，应赔银十舍克勒。”第256条规定：“倘为放牧牛羊人不诚实，交换标记，或者出卖牲口，则应受检举，彼应按其所盗窃之牛羊数，十倍偿还其主人。”《罗马法》规定：“抢劫犯必须赔偿被害人四倍于其所抢价值的财物。”《阿奎利亚法》规定：“凡不法杀害他人的男奴隶或他人的女奴隶或他人之四足牲畜者，须以被害物当年的最高价值向其所有主以金钱赔偿。”

会化都有一定的积极意义。只是需要处理好犯罪人行为赔偿与执行刑罚之间的时间冲突问题。

二、"赔偿"范围

虽然刑事附带民事诉讼中的民事赔偿范围被限定为物质性损害赔偿，但事实上，不仅财产损害可以通过赔偿得以恢复与补偿，人身损害和精神性损害同样可以通过犯罪人的物质性给付得到一定程度的恢复，况且，这类案件中，犯罪人的赔偿还具有彰显行为人再犯危险程度减轻的意义。不同类型的犯罪，可能导致不同性质的法益侵害事实，甚至同一次犯罪中也可能存在包括财产损害、人身损害以及精神损害在内的诸多损害结果，只是在案件的选择上应以有具体被害人的犯罪为限。故而，"赔偿"的范围应包括下述几个方面：

（一）财产损害赔偿

在侵财型案件中，被害人遭受的财产损害是犯罪侵害的最直接法益，犯罪人对财产损失的赔偿也是最能实现被害恢复的措施，故而，诸如非法占有型侵财犯罪、非法挪用型侵财犯罪以及故意毁坏财物犯罪、破坏生产经营罪等都可以将犯罪人赔偿作为量刑情节。这类案件中，对财产损害的具体赔偿范围则应既包括直接利益的损害，也应该包括间接利益的损害。直接损害，顾名思义就是犯罪给被害人造成的实际损失，意指既得利益的丧失和现有财产的减少，将这部分损失计入赔偿范围，理应无争议。赔偿方式则可以依据财产是否灭失，分为退赃、退赔以及支付赔偿金的方式；按照足额赔偿的基本要求，赔偿金的数额计算应与物品的原价值相当，关于原物品价值的衡量，可以参照《侵权责任法》第 19 条的规定，财产损失按照损失发生时的市场价格计算。

存在争议和数额认定困难的是未来可得利益的损害,也即被害人预期利益的损害。与直接利益相比,预期利益并非已然发生的损害,而是建立在假设基础上的未然损失,无犯罪行为,该收益是否会现实地实现,或者犯罪导致的实际损失究竟有多大,都终究只是推断,顶多是依据一定的现实,预测损失发生与犯罪行为之间因果关系的概率。从内容上看,这类损失主要包括孳息损失、利润损失、转售利益损失、涨价利益损失以及其他可得利益损失①。借鉴《民法通则》第117条第3款的规定,受害人因侵害行为遭受其他重大损失的,侵害人应当赔偿损失。笔者赞同在满足足够的可能性和合理的确定性条件下认定预期利益的范畴及具体金额,在犯罪行为与预期利益损害存在相当的因果关系前提下,将预期利益之赔偿纳入犯罪人赔偿范围。

(二)人身损害赔偿

通常情况下,依据损害对象和结果的不同,可以将犯罪造成的人身损害分为如下主要类型:一是对自由权、名誉权、人格权等抽象人身权的侵害;二是对健康权的侵害;三是对生命权的侵害。上述人身损害应纳入赔偿范围,这是因为:其一,伴随对被害人的人身损害,通常会产生一系列的财产损失,譬如,被害人用于恢复身体健康的费用;被害人死亡的,家属用于安葬被害人所支付的费用;被害人由于身体遭受到损失,劳动能力部分或全部丧失进而减少了其本人或者家属预期收益;等等。其二,犯罪人针对被害人的人身损害进行的物质赔偿,本身具有一定的精神安抚作用,有助于被害人及家属的心理恢复。

---

① 参见田韶华:《论侵权责任法上可得利益损失之赔偿》,《法商研究》2013年第1期。

只不过，不同的人身损害方式与后果会影响犯罪赔偿的数额甚至赔偿方式等。对于侵犯人身自由的犯罪，赔偿范围和赔偿数额可以参照国家赔偿法的规定，每日的赔偿金按照国家上年度职工日平均工资计算。对于损害健康权的赔偿则可以区分为两种情形：一种是虽然造成了身体伤害，但是该伤害通过积极的医学治疗是可以得到治愈的，最终，被害人的身体健康可以得到完全或基本的恢复，其遭受的只是在治愈过程中的身体疼痛，以及由于身体伤害导致的误工损失等，参照民事法的规定，这类犯罪赔偿的范围主要应该包括医药费、护理费、误工费、营养费、住院伙食补助费；另一种情况是因伤致残，即受害人遭受的身体伤害即使经过治疗仍无法恢复或不能完全恢复到损害发生前的状态，受害人由此丧失或部分丧失劳动能力，这种身体伤害案件除了需要赔偿上述基本费用外，还需要残疾补助金、残疾人生活器具费以及受害人所抚养家属的抚养费，甚至精神损害赔偿金。事实上，即使犯罪造成被害人的死亡，也存在不同的情形：一种是因伤致死，即犯罪人原本只是对健康权的侵害，但是基于过失，导致犯罪人死亡，最终出现了加重结果；一种是直接针对犯罪人生命权实施的犯罪，造成了被害人的死亡。区分具体案件中的不同损害后果，有助于确定合理的赔偿数额。

（三）精神损害赔偿

无论是犯罪行为的推进还是犯罪结果的最终发生，伴随犯罪对被害人的侵害，势必造成被害人精神上的伤害，此谓精神损害。这是一种由于遭受犯罪侵害而产生的精神和心理痛苦，主要表现为忧虑、绝望、怨愤、失意、悲伤、缺乏生趣等①。而被害人遭受到的精神损害，一类是由侮辱、诽

① 参见王泽鉴：《民法学说与判解研究（第 2 册）》，中国政法大学出版社 1998 年版，第 256 页。

谤等犯罪行为对被害人名誉毁损等带来的精神性痛苦;一类是伴随对财产权、健康权、生命权等的损害所产生的精神性痛苦。

民事法上通过立法以及司法解释的方式确认了精神损害可以获得赔偿,主要条款包括:《民法通则》第120条规定,公民的姓名权、肖像权、名誉权、荣誉权受到侵害的,有权要求停止侵害,恢复名誉,消除影响,赔礼道歉,并可以要求赔偿损失。《侵权责任法》第22条规定,侵害他人人身权益,造成他人严重精神损害的,被侵权人可以请求精神损害赔偿。最高人民法院《关于确定民事侵权精神损害赔偿责任若干问题的解释》(2001)第1条规定,自然人因生命权、健康权、姓名权、人身自由权等权利遭受非法侵害,向人民法院请求精神损害赔偿的,人民法院应当依法予以受理。在民事法理论上,学界一般赞同死亡赔偿金在性质上是对死者遗属的精神损害赔偿;将死亡赔偿金和残疾赔偿金定性为精神损害赔偿,则是中国民事裁判实践的一贯立场①。

而刑事法方面,按照我国《刑法》第36条和《刑事诉讼法》第99条以及相关司法解释的规定可知,针对被害人遭受的精神损害,无论是刑事附带民事诉讼抑或被害人另行提起的精神损害民事诉讼,人民法院均不予受理。这说明不管是刑事立法例还是司法例,被害人的精神损害均不属于"判决赔偿"的范围,因而导致被害人遭受到的损害无法得到恢复,不利于社会关系的修复,于法于情都欠缺妥当性。笔者认为,应当将精神损害赔偿纳入犯罪人赔偿之中,使精神损害赔偿范围与《民法通则》《侵权责任法》及相关司法解释规定的范围相一致。该主张主要基于如下原因:首先,犯罪人遭受刑罚处罚虽可在一定程度上满足被害人的"报复性"精神需求,起到平息愤怒和抚慰精神的作用,但是这种满足与被害人

① 参见梁慧星:《中国侵权责任法解说》,《北方法学》2011年第1期。

遭受到的巨大心理痛苦往往不相当,况且很多时候这种满足是短暂的,无法有效帮助被害人从人格侮辱、尊严受挫、自信丧失等精神痛苦中永久解脱出来;而犯罪人伴随赔付做出的积极道歉和悔罪表现,可以从很大程度上提升被害人的主体地位,通过抽象与具象的综合满足,最大限度地减轻被害人遭致的精神痛苦。其次,将精神损害纳入赔偿范围,是对犯罪侵害法益的全面回应。精神损害赔偿不同于单纯的财产损失赔偿,其主要目的不是填补受害人的财产损失,而是补偿、抚慰受害人遭受的心灵伤害,精神损害赔偿具有的补偿、抚慰功能与财产和人身损害赔偿金共同完成了对被害人的全面关照和恢复。最后,"赔钱减刑"既是立足被害恢复,追求通过加害与被害关系的修复实现社会关系的修复,进而实现有效的犯罪治理,那么,积极的精神抚慰是促进二者良性沟通与互动的重要途径。在犯罪人的积极赔偿中将被害人所遭受到的精神痛苦考虑其中,由于正视了被害人遭受到的精神痛苦,有助于犯罪人与被害人在认识上取得共识,被害人在精神和人格上获得了更大的尊重与认可,有助于社会关系的修复和社会秩序的恢复。

(四)惩罚性赔偿应否纳入赔偿范围

惩罚性赔偿最初由英国侵权法创设,是一项与补偿性赔偿相对应的特殊民事赔偿制度,意指当被告以恶意、故意、欺诈或放任之方式实施加害行为而致原告受损时,原告可以获得除实际损害赔偿金之外的损害赔偿。它通过让加害人承担超额赔偿的方式,达到惩罚和遏制严重侵权行为的目的①。可见,惩罚性赔偿的理念重在惩罚加害人,而非单纯强调填补被害人损失。我国1993年通过的《消费者权益保护法》第49条首次规

① 参见张新宝、李倩:《惩罚性赔偿的立法选择》,《清华法学》2009年第4期。

定了惩罚性赔偿,2013 年修改后的《消费者权益保护法》第 55 条更是加大了对过错被告人的惩罚力度,该条规定:"经营者提供商品或者服务有欺诈行为的,应当按照消费者的要求增加赔偿其受到的损失,增加赔偿的金额为消费者购买商品的价款或者接受服务的费用的三倍;增加赔偿的金额不足五百元的,为五百元。法律另有规定的,依照其规定。"2009 年通过的《侵权责任法》第 47 条规定,明知产品存在缺陷仍然生产、销售,造成他人死亡或者健康严重损害的,被侵权人有权请求相应的惩罚性赔偿。虽然消费者权益保护法上的惩罚性赔偿限于欺诈行为,侵权责任法上的惩罚性赔偿被限定于产品责任范围,但其惩罚性的立法目的值得重视。

惩罚性赔偿的实质是公法私法二分体制下,用私法机制执行由公法担当的惩罚与威慑功能的特殊惩罚制度。[①] 由于刑法上的犯罪人赔偿是量刑前行为,针对犯罪人的侵害行为,除了其施予自身的"自罚"外,还有强大的刑罚体系可以完成对犯罪人的惩治,故而,在赔偿范围上强制性地将犯罪人惩罚性赔偿考虑其中,既无必要,还有使犯罪人承担双重惩罚,出现惩罚过剩的潜在危险。但是,由于犯罪人赔偿不是强制赔偿,如果犯罪人自觉支付超额赔偿,却不能否认其行为具有的惩罚性性质[②],只不过该行为在性质上属于"自罚",具有实现惩罚的功能,对应犯罪的报应需求,自然具有换得更大从轻处罚的意义。从更长远来看,在推进刑民不断融合的进程中,由于惩罚性赔偿具有的惩罚和威慑效应,伴随民事法上对惩罚性赔偿制度的不断完善,制度设计上如果把惩罚性赔偿作为减少刑罚适用的手段,也不失为一种有益的探索。

---

① 参见朱广新:《惩罚性赔偿制度的演进与适用》,《中国社会科学》2014 年第 3 期。

② 但切不能让被害人将此项收益计入他的预期收益之中,并以此为前提,要挟或交易司法。

三、"减刑"幅度

本书所谓"减刑"幅度，意指犯罪人赔偿对其刑罚的影响程度，也即，犯罪人的赔偿行为，能否换来以及换来多大程度的刑罚从轻、减轻或者免除处罚等结果。将犯罪人赔偿作为法定的减免情节，见诸国外刑法。如《德国刑法典》第46条a明文将积极赔偿规定为减轻处罚乃至免除处罚的情节；《奥地利刑法》第34条将犯罪人真诚努力对造成的损害予以补偿，或者避免其他不利后果规定为特别的减轻事由。具体来看，犯罪人赔偿在多大程度上影响其刑罚，各国立法和实践存在不同规定和做法，大致来讲，主要有三类不同立法例：第一类，大多数国家将赔偿作为一种量刑情节加以规定。如《意大利刑法典》第62条规定，犯罪人在审判前通过赔偿或者在可能的情况下，通过恢复原状完全弥补了损害的，属于减轻处罚情节①。第二类是将赔偿作为刑罚替代措施。如《俄罗斯联邦刑法典》第75条规定，初次实施轻罪的人，如果在犯罪后主动自首，赔偿损失或者以其他方式弥补犯罪所造成的损害，可免除刑事责任②。第三类将赔偿作为适用缓刑、假释的重要条件。在日本司法实践中，加害人赔偿责任或者调停成立的情况，具有作为量刑情节的效果，甚至微罪处分，起诉犹豫、执行犹豫、假释等的转处效果。③

目前，我国立法上并无犯罪人赔偿的具体规定，犯罪人赔偿的相关规定主要集中在一系列司法解释中。通观犯罪人赔偿的司法解释，可以发

① 参见[意]杜里奥·帕多瓦尼：《意大利刑法学原理》，陈忠林译，法律出版社1998年版，第290页。

② 参见黄道秀：《俄罗斯联邦刑法典》，北京大学出版社2008年版，第30页。

③ 参见[日]高桥则夫：《规范论和刑法解释论》，戴波、李世阳译，中国人民大学出版社2011年版，第23页。

现，在我国，赔偿之于刑罚的意义主要有以下类型：(1)针对犯罪人赔偿可以减轻刑罚。典型司法解释如2014年最高人民法院《关于常见犯罪的量刑指导意见》规定：“对于积极赔偿被害人经济损失并取得谅解的，综合考虑犯罪性质、赔偿数额、赔偿能力以及认罪、悔罪程度等情况，可以减少基准刑的40%以下”。(2)犯罪人赔偿的，可以免除处罚。如最高人民法院《关于贯彻宽严相济刑事政策的若干意见》第23条规定，“被告人案发后对被害人积极进行赔偿，并认罪、悔罪的，依法可以作为酌定量刑情节予以考虑，犯罪情节轻微，取得被害人谅解的，可以依法从宽处理，不需判处刑罚的，可免予刑事处罚。”(3)积极赔偿在某些特殊情况下可以影响对犯罪人的定罪。如2000年最高人民法院《关于审理交通肇事刑事案件具体应用法律若干问题的解释》规定，交通肇事造成公共财产或者他人财产直接损失，负事故全部或者主要责任，无能力赔偿数额在30万元以上的，处3年以下有期徒刑或者拘役①。本书的主要观点是“赔偿”可以影响刑罚，“赔偿”应定位于量刑情节的一种，只起到影响从宽处罚的意义，并无完全替代刑罚，独立适用或者启动特殊司法程序之功效。归言之，赔偿可以导致量刑从轻、减轻或者免除处罚的结果。至于“减刑”的幅度，也即何种情况下可以从轻、何种情况下减轻以及何种情况下免除处罚，则需要针对不同犯罪类型、侵害法益性质以及赔偿主体、赔偿时间等要素的差异性考察犯罪人赔偿是否降低了责任刑与预防刑，确立具体案件中的“减刑”幅度。②

---

① 由于该规定将有无履行赔偿作为定罪依据，进而影响刑罚的有无，这在一些学者看来，混淆了刑事责任与民事责任的界限，一度引发了广泛讨论和诸多质疑，但该司法解释确认了犯罪人赔偿在一定情况下可以影响定罪。

② 此处讨论赔偿影响量刑“度”的问题，貌似有点过早揭示结论的意味，但“赔钱减刑”本身是作者的基本观点，至于缘何犯罪人赔偿可以影响量刑，则是后文需要重点论证的问题。

第三节　“赔钱减刑”的实践做法与规范支持

伴随广东东莞“赔钱减刑”案件在质疑与批评中的司法示范和实践推进,各地相关司法做法逐渐浮出水面,典型如2007年河南省郑州市二七区法院的“判前赔钱减刑”制度①;2009年山东蓬莱法院和莱阳监狱联合建立的“赔偿减刑”制度②,首次践行了行刑阶段的“赔钱减刑”。在当下中国司法实践中,“赔钱减刑”已经被全国范围内相当数量的地方法院所采纳,尤其自2010年最高人民法院《人民法院量刑指导意见(试行)》出台以来,伴随常见犯罪量刑指导意见的深入贯彻,刑事司法中的“赔钱减刑”案件也愈发普遍。有学者调研发现,在故意伤害、交通肇事案件中,犯罪人由于主动赔偿被害人损失,取得被害人谅解的,获得从轻处罚,或者不起诉,或者适用缓刑,或至少缩短刑期,已是全国通用的规则。③

一、“赔钱减刑”的司法适用存在差异性

可以肯定的是,“赔钱减刑”在当前中国司法实践中大量适用,这一结论在笔者的调研中再次得到证实。笔者在中国裁判文书网上以“主动赔偿”为关键词,搜索到仅2017年一年就有6150件刑事案件存在主动赔偿的情形。但不能当然认为,在各案件中,赔偿情节最终对量刑结果产生

① 参见新华网,http://news.xinhuanet.com/legal/2007-09/25/content_6789505.htm。

② 参见 http://news.iqilu.com/shandong/shandonggedi/20090407/74528.shtml。

③ 参见王瑞君:《赔偿在刑事司法中的理性定位——兼论被害人救济难题的破解》,《内蒙古社会科学(汉文版)》2010年第5期。

了实质性的，甚至无差别的影响，因为在6150条有赔偿记录的刑事案件中，在关键词一栏加入“从轻处罚”以后，记录变成了5922条。该结果说明，在6150件存在主动赔偿的案件中，有赔偿行为的犯罪人96.29%获得了从轻处罚，3.71%的被告人并没有因为赔偿获得刑罚上的从轻处理。由于统计的粗略性，暂时未能找到这些案件中，犯罪人主动赔偿与从轻处罚之间的实质关联或不关联，当然也不能排除，在这6150件犯罪人主动赔偿案件中，引起从轻处罚的除了具体案件赔偿数额有差异外，不同案件中还包含了诸如自首、立功、被害人过错等很多差异性因素，从轻处罚的量刑结论来源于其他量刑因素也未可知。但该结论至少可以说明几个问题：其一，大量刑事案件中存在犯罪人主动赔偿的情节，且该情节被判决书所记载；其二，只要存在主动赔偿的情形，绝大部分被告人都获得了量刑上的从轻处罚；其三，具体而言，面对被告人的主动赔偿行为，不同法院、不同案件存在“赔钱减刑”“赔钱不减刑”等量刑差异。

上述数据表明，正视并认可犯罪人的主动赔偿行为，并在量刑过程中予以考量，是当前司法实践的基本做法。基于不同的犯罪类型以及犯罪情节的差异性等，被告人的赔偿行为会遭致不同的判决结果，也或者，甚至存在其他情节类似和相同的情况下，不同法院面对犯罪人的赔偿行为，都会出现量刑上的差异。事实上，不仅具体案件中存在量刑差异，在不同层级和不同地域的司法性文件中，针对犯罪人赔偿情节，也存在不同规定。如最高人民法院2010年发布的《人民法院量刑指导意见（试行）》规定，积极赔偿被害人的，综合考虑犯罪性质、赔偿数额、赔偿能力等情况，可以减少基准刑的30%以下；取得被害人或其家属谅解的，综合考虑犯罪及犯罪人因素，可以减少基准刑的20%以下。该规定意味着，量刑过程中，针对犯罪人赔偿，刑罚最轻可减少基准刑的30%；同时，量刑意见对赔偿、被害人谅解等情节采用了同向相加的方法来确定其调节比例，

"赔偿"并获"谅解"的犯罪人最多可减少基准刑的50%。2014年最高人民法院在该司法解释的基础上,进一步出台了《关于常见犯罪的量刑指导意见》,对犯罪人赔偿做了更为细致的规定。① 该规定根据赔偿要素的差异性,确立了轻重不同的调节比例,符合量刑的个别化特征。针对该量刑意见,不同省市相继出台了实施细则,以重庆市和湖南省为例,2014年《重庆市高级人民法院〈关于常见犯罪的量刑指导意见〉实施细则》规定,积极赔偿被害人全部经济损失并取得谅解的,可以减少基准刑的40%以下;赔偿大部分经济损失但没有取得谅解的,可以减少基准刑的30%以下;没有赔偿但取得谅解的,可以减少基准刑的20%以下。湖南省高级人民法院《关于贯彻〈最高人民法院关于常见犯罪的量刑指导意见〉的实施细则》规定,积极赔偿被害人经济损失的,可以减少基准刑的20%以下,一般不超过二年;取得被害人一方谅解的,减少基准刑的20%以下,一般不超过二年;同时符合上述两项情形的,可以减少基准刑的40%以下,一般不超过四年。无可非议的是,各省市的实施细则是在量刑指导意见要求的范围内,对指导性意见的进一步细化,有助于该情节的具体适用。但单从各地的司法性文件中即看出了该情节适用上的差异性,司法性文件规定上的差异性,势必带来实践中量刑的差异性结论。现实情况是,刑事司法中"赔钱减刑""赔钱未获减刑""不减则不赔"等不同案件和判决结果不胜枚举,究其原因,对赔偿情节的考察往往涉及诸多因素,就被告而言,会关联赔偿主体的经济状况、赔偿时间、被告是基于悔罪的积极赔偿还是只是"易刑"的策略之举;从被害人角度看,需要考虑被害

① 最高人民法院《关于常见犯罪的量刑指导意见》规定:"对于积极赔偿被害人经济损失并取得谅解的,综合考虑犯罪性质、赔偿数额、赔偿能力以及认罪、悔罪程度等情况,可以减少基准刑的40%以下;积极赔偿但没有取得谅解的,可以减少基准刑的30%以下;尽管没有赔偿,但取得谅解的,可以减少基准刑的20%以下;其中抢劫、强奸等严重危害社会治安犯罪的应从严掌握。"

人遭受的物质损害程度、精神安抚需求、现有经济状况，以及被害人是否谅解等因素。由于牵涉太多，如果仅凭单一的赔偿数额就得出量刑从轻幅度，难免导致判决不公。但是，实践中的不同判决样本，有些是法官量刑个别化的应有结论，但不排除大量的判决是法官随性自由裁量的结论，也正是由于量刑上存在差异性，再次加重了民众对“赔偿”情节的抵触和司法的不信任。

二、“赔钱减刑”的立法与司法进度存在差距

将犯罪人赔偿作为法定的刑罚减免情节，见诸国外刑法。除了前述的《德国刑法典》第 46 条 a 明文将积极赔偿损失规定为减轻处罚乃至免除处罚的情节外；《意大利刑法》第 62 条第 6 项规定，在审判前，通过赔偿损失或者在可能情况下通过返还完全弥补了损害的，属于减轻处罚情节；《奥地利刑法》第 34 条将真诚努力对造成的损害予以补偿，或者避免其他不利后果规定为特别的减轻事由。

我国刑事立法上虽无明确的“赔钱减刑”规定，但我国刑事法原则和理念蕴含了“赔偿从轻”的思想。根据我国刑事立法、司法以及实践惯例，量刑情节分为法定情节和酌定情节两类，法定量刑情节是明确规定于刑事法规范中，要求法官在进行刑罚裁量时必须或可以考虑的各类会导致量刑从重或从轻、减轻处罚的情节；酌定情节则主要散见于相关司法解释中，或者在一段时间的司法实践中惯常出现，并积极影响量刑环节的情节，因为无具体明确的法规范要求，所以，酌定情节的认定和适用常常是法官自由裁量的内容范围。如上所述，目前，因为无立法上的明确规定，犯罪人赔偿是作为酌定的量刑情节存在于我国刑罚裁量体系之中的。将赔偿作为从轻情节符合我国量刑的基本原则，因为，根据我国《刑法》第

61条的规定,对犯罪分子决定处罚的时候,应当根据犯罪的事实、犯罪的性质、情节和对社会的危害程度,依照本法的有关规定判处。犯罪事实,无非是犯罪的时间、地点、手段、对象、结果等客观存在;犯罪性质表征的是该犯罪侵害或威胁的社会关系性质和情节等;犯罪情节则无非是通过各个客观犯罪事实呈现出来的犯罪主客观方面的情状或深度。归根到底,上述犯罪事实、犯罪情节和犯罪性质,无外乎是犯罪行为的客观危害性、行为人行为时的主观恶性程度以及行为人的人身危险程度。犯罪人于犯罪后主动的物质给付,弥补了先前行为造成的伤害,减轻了行为的社会危害程度,凸显了行为人从对抗到合作、妥协的心理变化,符合上述基本量刑原则。"赔钱减刑"还符合《刑法》第5条"罪刑均衡原则"的基本内容,该原则强调在刑罚配置与裁量中做到罪刑均衡,即刑罚的轻重应与犯罪分子所犯的罪行与承担的刑事责任相适应,重罪重罚,轻罪轻罚,同罪同罚,罪刑相称,以满足报应和实现公正。基于犯罪人的赔偿降低了犯罪实害,减轻了部分罪责,进而获得刑罚上的从轻判决,正是罪刑均衡原则的具体体现。《刑法》第72条关于缓刑的相关规定体现了赔偿与缓刑之间的关联性。根据该条的规定,在决定对犯罪人是否适用缓刑时,应主要依据犯罪性质和犯罪人的认罪态度以及行为表现决定是否宣告缓刑,具体包括:犯罪情节较轻;犯罪人有悔罪表现;犯罪人没有再犯的危险以及宣告缓刑对犯罪人所居住的社区没有重大不良影响。犯罪人的积极赔偿既减轻了法益损害,也彰显了人身危险程度的降低,在情节显著轻微的情况下,对犯罪人做缓刑处理是符合该条规定的。由此可见,将犯罪人赔偿作为量刑情节,进而刑罚从轻符合我国刑事立法精神,是刑事立法理念的基本体现。

遗憾的是,由于当前刑事立法并没有明确把犯罪人赔偿作为法定的量刑情节,导致司法实践中,赔偿情节至多是个酌定的量刑情节。通观我国现行刑法，关于损害赔偿的明确规定主要有三处，分别是第 36 条的"判决赔偿"、第 37 条的"责令赔偿"以及第 64 条的"责令退赔"。虽然这三种赔偿均为刑事责任的承担方式，但"判决赔偿"、"责令赔偿"和"责令退赔"并非本书语义下之"赔偿"，为此，我国并没有关于"赔钱减刑"的明确立法规定。正是由于立法上的不明确，司法中的频繁运用，加之"赔钱减刑"蕴含的敏感因素，加剧了民众的质疑与分歧。

相比较而言，刑事诉讼法在这方面的步伐略快于实体法。2012 年 3 月 14 日新修订的《刑事诉讼法》第 271 条针对未成年人附条件不起诉做了规定，即未成年人涉嫌刑法分则第四、五、六章规定的犯罪，符合起诉条件但可能判处的刑罚为一年以下有期徒刑，且有悔罪表现的，人民检察院可以做出附条件不起诉的决定。实践中，通常把被告人或其家属积极赔偿，获得被害人谅解，视为有悔罪表现，从这个意义上讲，该规定事实上确认了赔偿与起诉犹豫之间的关联性。刑事诉讼法上更大的进步还在于明确把犯罪人赔偿以及由此获得被害人谅解作为双方和解的基本条件①。由此可知：其一，刑事诉讼法上通常把赔偿作为犯罪人悔罪的表现，主要关涉的是对犯罪人再犯危险性的衡量；其二，刑事诉讼法上确认的赔偿可以影响起诉和刑罚的案件范围还只限于较轻微案件和可和解案件，除此以外的大量案件能否适用，如何适用，仍然只能散见于数量有限的司法解释中。

历年来，关于本书语义下的"赔偿"，有代表性的司法解释主要包括：最高人民法院 2000 年颁布的《关于刑事附带民事诉讼范围问题的规定》

① 《刑事诉讼法》第 277 条规定，因民间纠纷引起，涉嫌刑法分则第四章、第五章规定的犯罪案件，可能判处三年有期徒刑以下刑罚的；以及除渎职犯罪以外的可能判处七年有期徒刑以下刑罚的过失犯罪案件，被告人真诚悔罪，通过赔偿损失、赔礼道歉等方式获得被害人谅解，被害人自愿和解的，双方当事人可以和解。

第4条,明确了被告人已经赔偿被害人物质损失的,可作为量刑情节加以考虑。2000年最高人民法院《关于审理交通肇事刑事案件具体应用法律若干问题的解释》第2条规定,交通肇事具有造成公共财产或者他人财产直接损失,负事故全部或者主要责任,无能力赔偿数额在三十万元以上的情形的,处三年以下有期徒刑或者拘役。第4条规定如若无能力赔偿数额达到六十万元以上的情形,属于本条规定的"有其他特别恶劣情节",应当处三年以上七年以下有期徒刑。由于该司法解释将有无赔偿作为定罪依据,进而影响刑罚的有无,这在一些学者看来,混淆了刑事责任与民事责任的界限①,曾一度引发了刑法理论界的极大争议。2007年最高人民法院《关于为构建社会主义和谐社会提供司法保障的若干意见》指出,对案发后真诚悔罪并积极赔偿被害人损失的案件,应慎用死刑立即执行。2010年2月,最高人民法院发布了《关于贯彻宽严相济刑事政策的若干意见》,规定"被告人案发后对被害人积极进行赔偿,并认罪、悔罪的,依法可以作为酌定量刑情节予以考虑"。2010年最高人民法院《人民法院量刑指导意见(试行)》中也有如下规定:"对于积极赔偿被害人经济损失的,综合考虑犯罪性质、赔偿数额、赔偿能力等情况,可以减少基准刑的30%以下。对于取得被害人或其家属谅解的,综合考虑犯罪的性质、罪行轻重、谅解的原因以及认罪悔罪的程度等情况,可以减少基准刑的20%以下。"2014年最高人民法院《关于常见犯罪的量刑指导意见》规定,"对于积极赔偿被害人经济损失并取得谅解的,综合考虑犯罪性质、赔偿数额、赔偿能力以及认罪、悔罪程度等情况,可以减少基准刑的40%以下;积极赔偿但没有取得谅解的,可以减少基准刑的30%以下;尽管没有赔偿,但取得谅解的,可以减少基准刑的20%以下;其中抢劫、强

① 杨忠民:《刑事责任与民事责任不可转换——对一项司法解释的质疑》,《法学研究》2002年第4期。

奸等严重危害社会治安犯罪的应从严掌握”。这一系列的规定，通过不断确认和细化犯罪人赔偿行为之于刑罚从轻的积极意义，强化了犯罪人赔偿在司法实践中的适用。

司法解释的不断确认，推动了“赔偿”情节在司法实践中的运用，“赔偿”在刑事司法中的地位也得以迅速提升，成为影响定罪量刑的重要因素①。最终，“赔钱减刑”成为当前司法实践中一种“客观存在”，实践中的不断践行，再次推动了司法解释的积极跟进，二者互为动力，产生了良好的社会效果。但是，纵观目前实践可知，推动该实践的动力基本来自解决现实问题的需要②。实务的权宜之策绝非诠释制度合理性的唯一标准，一项制度的合理性还必须经受来自理论等方方面面的追究与拷问。③毕竟法律规定过于笼统和模糊，容易引发法官自由裁量权过大等质疑，加之“赔钱减刑”天生具有的属性，民众极易敏感。最终，“赔钱减刑”成了司法实践中登不了大雅之堂的“潜在规则”。

第四节　“赔钱减刑”的理论质疑与社会批评

自19世纪以来，犯罪赔偿就一直是法学研究的重要课题，边沁、加罗法洛、菲利等都对此有过较详尽的分析和论述。边沁认为补偿是对遭受损害所作的补救，是一种有效的恢复方式，应当和刑罚一样，与犯罪形影相随。如果对犯罪只适用惩罚，而不采用补偿措施，尽管许多犯罪受到惩

① 参见王瑞君：《赔偿该如何影响量刑》，《政治与法律》2012年第6期。

② 比如，面临刑事附带民事诉讼判决“执行难”的问题；被害人得不到安抚，持续上访的问题；等等。

③ 参见陈荣飞：《赔钱减刑之理论困境及超越》，《兰州学刊》2013年第3期。

罚,但很多证据证明惩罚的效力甚微,且给社会增加了大量的令人吃惊的负担。补偿的形式包括金钱补偿、实物返还、宣誓补偿、名誉补偿、惩罚补偿和替代补偿等。[①] 加罗法洛认为强制赔偿可以作为遏制犯罪的新方法,主张将其作为替代短期自由刑的措施,他在《犯罪学》一书中谈道,“如果损害是可以补偿的,而且罪犯也愿意赔偿,那么,消除就是不必要的方法,而且也是残酷的方法。强制赔偿是一种能够适用于许多犯罪的方法,强制赔偿比短期监禁刑具有更大的预防作用,如果能使罪犯们确信:一旦被发现,他们不能逃避弥补因其犯罪所造成的损害,这对罪犯,特别是职业扒手和骗子产生阻力,这种阻力比当代剥夺自由的刑罚所产生的对于犯罪的阻力要大得多”。[②] 菲利主张赔偿应该是刑事责任的一部分,是一种社会防卫措施。他在《犯罪社会学》中认为,“在给付一定数额的金钱作为罚金和给付一定数额的金钱作为赔偿之间,笔者看不出有什么真正的区别。不仅如此,笔者认为将民事措施与刑事措施绝对分开是一种错误,因为它们在预防某些反社会行为这一社会预防目的上是一致的”。[③] 伴随20世纪70年代恢复性司法运动的兴起和发展,作为“和解”重要内容的“赔偿”,当然地成为理论上关注的焦点。近年来德国代表性的观点是主张将犯罪人“赔偿”作为刑罚和保安处分之外独立的刑事制裁措施,即“刑法上的第三条道路”,建议在刑事诉讼的每个阶段都优先予以适用[④]。该主张极大地肯定了赔偿情节的量刑适用性,在犯罪人“赔

① 参见[英]吉米·边沁:《立法理论——刑法典原理》,李贵方、陈兴良等译,中国人民公安大学出版社1993年版,第33—35页。

② [意]加罗法洛:《犯罪学》,耿伟、王新译,中国大百科全书出版社1996年版,第204、376页。

③ [意]恩里科·菲利:《犯罪社会学》,郭建安译,中国人民公安大学出版社1990年版,第147—148页。

④ 参见[德]克劳斯·罗克辛:《德国刑法学总论(第1卷)》,王世洲译,法律出版社2005年版,第55页。

偿"情节的适用方面迈出了重要一步。日本学者高桥则夫在"恢复性司法"语境中提出了"修复责任"概念,并在此视域下讨论赔偿与刑罚关系。他认为,"自愿地履行损害恢复的行为人,由此表明了承认自己所违反的行为规范是有拘束力的,其结果就满足了所谓的积极的一般预防之目的。"并进一步认为,"将加害人自发地修复对被害人和地域、社会产生的侵害,即所谓的修复责任的履行放在刑事责任的框架内考虑的方法是刑罚和损害赔偿的调和点"。① 此外,美国的罗宾逊等人对此亦有明确主张和较为深入的研究,他认为,只要总的惩罚"力"满足了所应得的惩罚的量,量刑法官就可以把监狱刑改成任何其他方法或几个方法合并。②

通观我国学者对"赔钱减刑"的论述可以发现,"赔钱减刑"虽一直存在于我国刑事法实践并获得了一定的规范支持,但较明确的规范支持还停留在司法解释层面,并未上升到立法高度。而无论规范刑法学理论还是刑事政策学说,"赔钱减刑"似乎都是一个忌讳莫深的话题。刑事实体法规范和刑事法理论,均将赔偿湮没于诸多犯罪后果之中,甚至与其他犯罪后果相比,社会心理还对赔偿心存忌讳。加之,部门法的不断成熟并趋于封闭,部门法表象上的差异被过度强调,法律理论的整体视角遭到忽略甚至排斥,部门法思维对人们思考法律具象造成了限制。③ 导致的结果就是民事法和刑事法的研究内容泾渭分明,刑事法只关注报应与威慑,民事法关注被害恢复和权利救济,二者无法实现有效的沟通和融合。最终,无论在法理学还是部门法学的框架内,要对"赔偿减刑"所涉及的制度和

① 参见[日]高桥则夫:《规范论和刑法解释论》,戴波、李世阳译,中国人民大学出版社2011年版,第25—26页。

② 参见[美]保罗·H.罗宾逊:《刑法的分配原则——谁应受罚,如何量刑》,沙丽金译,中国人民公安大学出版社2009年版,第163页。

③ 参见戴昕:《威慑补充与"赔偿减刑"》,《中国社会科学》2010年第3期。

理论问题给出完整讨论，都存在障碍①。以上导致"赔钱减刑"的理论研究不够，相关理论成果较少，缺乏理论互证和群体性呼应，赔偿的特性没有得到应有的张扬，地位没有得到应有的重视，或者存在"有结论，无论证"的现象。

一、"赔钱减刑"的学界争议

根据对现有文献的分析和总结可以发现，我国学界对赔偿的研究主要集中在两个时期：第一个时期是在 2000 年 11 月《最高人民法院关于审理交通肇事刑事案件具体应用法律若干问题的解释》出台以后，针对该司法解释，学者以赔偿为视点，主要围绕刑民责任关系展开了一轮激烈的讨论。期间，学者观点主要分为两派，一派学者认为赔偿与刑罚分属于民事领域与刑事领域，反对引民事赔偿入刑事裁量，认为将无能力赔偿作为对肇事者定罪量刑的依据，无异于将民事责任刑事化，是对罪刑法定以及罪刑相适应原则的挑战②。当然，也有大量学者赞成犯罪人赔偿可以影响刑罚，认为将赔偿作为量刑情节，是以被害人利益为导向的刑事政策的表现，刑事责任与民事责任的相互转换，体现了刑法的谦抑性，暗合恢复性司法精神③。

第二个时期是在 2007 年广东东莞市"赔钱减刑"典型案例被媒体报道以后，以及伴随着西方恢复性司法浪潮的冲击，引发了民众和学界对"赔钱减刑"的进一步关注。通观该时期的主要文献，大多数文献讨论的

① 参见戴昕：《威慑补充与"赔偿减刑"》，《中国社会科学》2010 年第 3 期。

② 参见杨忠民：《刑事责任与民事责任不可转换——对一项司法解释的质疑》，《法学研究》2002 年第 4 期。

③ 参见程红：《刑罚与损害赔偿之关系新探》，《法学》2005 年第 3 期。

“赔偿”其实是“判决赔偿”与“责令赔偿”，仅有少量文献研究了本书讨论的犯罪人主动赔偿。针对本书意义上的“赔钱减刑”，纵观该时期的主要文献，学者的观点是大体不排斥“赔钱减刑”做法，不否认“赔钱减刑”具有积极价值，大多数学者立足刑事部门法视角，阐释了“赔钱减刑”的一般性价值。期间，有代表性的观点包括王瑞君教授的一系列相关文献，在她的文献中，着重从保护被害人，有利于解决执行难、减少上访等现实问题方面分析了赔偿的积极意义，也表达了该情节的广泛适用可能引起的对国家刑事实体处分权的松动及刑罚轻缓化泛化等趋向的担忧。高铭暄教授等认为，若加害人的赔偿能够表明人身危险性降低，赔偿可作为酌定从宽情节，可有限制地扩及重罪，适用于审查起诉、量刑和行刑阶段①。王利荣教授立足罪刑均衡原则讨论了附条件“赔钱减刑”之于责任刑裁量的价值②。赵秉志教授等从限制死刑的现实需要出发，实证分析了民事赔偿对死刑限制的积极影响③。当然，也有学者担忧甚至反对“赔钱减刑”，如张建伟认为，“赔钱减刑”最易招致的质疑在于同罪不同罚，有违平等原则和罪刑适应原则④。

也有学者通过对历史和域外立法的考察，提出民事赔偿中，补偿与制裁并存的功能可以使民事责任与刑事责任通过周边领域所形成的接近和跨越，发挥赔偿的补偿与预防机能，进而将赔偿作为一种刑罚替代措施，主张将赔偿引入刑事法律后果⑤；有学者借助法律经济学分析视角和方法，从威慑理论出发，基于资产不足和赔偿威慑不足，描述了一个通过刑

① 高铭暄、张海梅：《论赔偿损失对刑事责任的影响》，《现代法学》2014 年第 4 期。

② 参见王利荣：《也是犯罪与责任相均衡——对附条件“犯罪赔偿”的价值分析》，《法律科学》2009 年第 4 期。

③ 参见赵秉志、彭新林：《论民事赔偿与死刑的限制适用》，《中国法学》2010 年第 5 期。

④ 参见张建伟：《“赔钱减刑”有损公平正义》，《人民法院报》2007 年 6 月 19 日。

⑤ 参见朱铁军：《民事赔偿的刑法意义》，《刑事法评论》第 26 卷（2010）。

罚补充赔偿威慑力的威慑补充理论,揭示了刑罚和赔偿的内在关联,①颇具新意;有学者明确梳理了"赔钱减刑"面临之困境,借由对"行为"这一刑法基底性概念的重新界定,肯定罪犯自愿赔偿系主体积极性人格的表征,将其涵摄于犯罪行为之中,由此突破"赔钱减刑"之理论困境②;有学者论证了"赔钱减刑"与社会治理理念的契合,从而客观揭示其面纱③。上述思路体现了学者突破部门法教条主义的束缚、从整体社会后果视角分析该项制度的努力,对于法律的整体建构具有重要意义。

以上研究表明,源于对"赔钱减刑"实践的直视,理论界开始重视对赔偿情节的研究,研究视角也逐渐呈现出多样化特征。但是,纵观现有的一些论著可以发现,学界在具体论及赔偿与刑罚的关联时存在隐性甚至显性分歧。赞成者有之,明确反对者亦有之。反对者大多以行为与责任同在、赔偿属于民事责任为由,强调刑民责任不能转化,否则违反刑法面前人人平等和罪刑均衡原则。④ 在赞成者中,大多数学者认可"赔钱减刑"的预防刑根据,认为犯罪人赔偿可以作为衡量犯罪人再犯危险的情节,在预防刑裁量中予以酌情考虑,现有论著也大多从赔偿可以征表行为人人身危险性降低,再犯可能性减少,进而赔偿与量刑之间可以建立关联展开论述。有部分学者是基于对当前执行难、被害人权利难以得到保障等现实问题的无奈,进而妥协,认可赔偿情节,终归把对"赔钱减刑"作为一种短时应急之需和无奈之举。少有学者在责任刑裁量中考虑赔偿情节的适用,甚至反对将赔偿作为减少责任刑的情节,在"赔钱减刑"的责任

① 参见戴昕:《威慑补充与"赔偿减刑"》,《中国社会科学》2010 年第 3 期。

② 参见陈荣飞:《赔钱减刑之理论困境及超越》,《兰州学刊》2013 年第 3 期。

③ 参见谢锐勤:《天使还是魔鬼:揭开"赔钱减刑"的面纱——以治理为导向的刑事和解实践》,《法律适用》2014 年第 7 期。

④ 参见于志刚:《关于民事责任能否转换为刑事责任的研讨》,《云南大学学报(法学版)》2006 年第 6 期。

刑根据方面缺乏有力论证。如张明楷教授在其论著中主张,事后积极退赃、赔偿损失与积极挽回损失的行为是减少预防刑的情节,但经济赔偿不可能对被告人所犯之罪的不法与责任产生影响,因而不可能影响被告人的罪责①。最终的结果是,学界对"赔钱减刑"的理论论证过于拼凑,缺乏针对性解释和系统性论证,"赔钱减刑"的理论自洽及法律逻辑没有得到有效诠释,使论述流于一般意义,既没有形成较系统的研究群体,也未建立相应的话语平台。现有研究虽然注意到"赔偿减刑"蕴含了对民刑分野的突破,却未能对赔偿与刑罚关系做进一步处理,也未提出富有解释力的理论框架,最终由于缺乏系统理论支撑,导致无法将犯罪人赔偿合理引入刑事司法理论的核心之中。

二、"赔钱减刑"遭致的社会批评

由于理论上的反应落后于自发的实践,实践中又大量存在"赔钱减刑""赔钱未减刑""不减则不赔"等差异性样本和不规范量刑现象,面对这些差异性结论,理论上也并没有为此提供具有说服力的解释和论证。结果就是,虽实践中大量适用"赔钱减刑",但由于缺乏规范依据和理论支撑,正当性论证不够充分,最终既难以将犯罪人赔偿合理引入刑事法规范核心,犯罪人赔偿也难以获得法规范上的一席之地,进而,犯罪人赔偿始终只能作为酌定情节在量刑中予以适用,"赔偿减刑"某种意义上演变成了仅仅为了解决现实问题的无奈之举和"息事宁人"的现实妥协。由于"名不正""理不清",司法机关在具体适用中还不得不"遮遮掩掩",加之判决结果中又存在差异性样本,愈发引起了民众诸多质疑和猜忌,加深

① 参见张明楷:《论犯罪后的态度对量刑的影响》,《法学杂志》2015 年第 2 期。

了民众对司法的不信任和批评。

社会批评的普遍意见是，“赔钱减刑”有违法律公平与正义目的，是在量刑环节对有钱人的倾斜；“赔钱减刑”是对“依法治国”理念的违背，会让人产生法院懒政之印象，不仅有损社会公平，也有损法律尊严，更不能起到威慑罪犯的作用。① 赔偿已经成为富人逃避法律追究的“避风港”，只要富有的犯罪人愿意且能够完全弥补被害人因犯罪遭受的损失，甚至使其从受害中获得收益，犯罪行为就会得到谅解，刑罚就会得到减免。② 也有人进而尖锐地抨击如若普遍施行乃至将其制度化，岂不意味着公然推行一种制度化的不平等吗？③ 所以，从后果上看，“赔钱减刑”将助长犯罪人的气焰，激发“买凶杀人”等恶性犯罪的发生。④ “破财免灾”的现实结果还会动摇民众固有的“因果报应”“法网恢恢疏而不漏”等观念，降低刑罚的威慑力，⑤不利于刑罚一般预防目的的实现。犯罪人以金钱换取从宽处罚后，不免心存侥幸，期望以后再通过类似途径逃避处罚，难以吸取教训而形成守法型人格，致使特殊预防功能被弱化⑥。还有学者认为，由于“赔钱减刑”在操作上扩大了法官的自由裁量空间，潜藏着司法腐败的危险⑦。

基于犯罪人赔偿出让刑罚空间，缘何得不到公众应允，兴许主要基于

---

① 参见王瑞君：《赔偿影响刑罚及其规范——从赔偿与刑罚关系的样本分析切入》，《学习论坛》2012 年第 4 期。

② 参见任华哲、李青：《刑事和解与量刑公正》，《法学评论》2010 年第 5 期。

③ 参见陈荣飞：《赔钱减刑之理论困境及超越》，《兰州学刊》2013 年第 3 期。

④ 参见陈颀：《“赔钱减刑”的激励机制》，《法律和社会科学》2009 年第 5 期。

⑤ 参见宋高初：《当代中国刑事纠纷处理过程中的“破财免灾”现象评析》，《法学评论》2010 年第 4 期。

⑥ 参见袁宏山：《论交通肇事犯罪案件中使用刑事和解所面临的冲突及其消解》，《山东警察学报》2011 年第 3 期。

⑦ 参见吕珊珊：《司法实践中“赔钱减刑”的综合分析与操作规范》，硕士学位论文，天津师范大学，2012 年，第 16 页。

以下原因:其一,民众与当事人面对犯罪的立场和态度存在差异。大多数时候,当一个案件发生以后,社会公众与案件当事人立场是不相同的,社会公众考虑更多的是严惩犯罪人,他们常常以旁观者的身份,希望单纯通过对犯罪人处以重刑的方式来满足群体的宣泄,甚至以“看热闹”的心态评论案件的是非,也希望通过“杀一儆百”、惩恶扬善实现犯罪预防和稳定社会秩序的效果;至于被害人,在大多数民众眼里,仅仅只是一个个影子,是一种虚无的存在,民众关注的是具体个案背后的抽象正义,在他们所追求的绝对公平和抽象正义的视线中,是不会具体到被害个体的,他们甚至不会关心具体案情,当然也不会关心被害人的损害有无得到补偿,具体个案的判罚是否实现了具体均衡。而对于遭受犯罪损害的被害人而言,他们所期许的正义既有对犯罪人“罪有应得”的惩罚,也通常需要能够满足其“求偿”的需求,以弥补曾经的损害。其二,民众抽象的正义伦理,交织着“仇富”心理。作为一种消极的心理失衡表现,“仇富”心理虽不当,但有其人性因素和社会背景,表现于外就是普通民众对富人占有财富的抵触或仇视心理,甚至是源于对命运不公而萌发的一种“天生”对立,对富人特权的担心和警惕。而“赔钱减刑”极容易把“赔钱”和“减刑”画等号,“赔钱”换来“减刑”刚好触碰到了民众的这根敏感神经,极易让人联想到司法的天平倒向了有钱人,富人左右甚至操纵了司法,进而“迎合”了民众担心,从而引发愤怒,这其实也是司法机关在司法过程极少提及“赔钱减刑”字眼的主要原因。其三,民众对司法信任的缺失。当前由于诸多原因造成了民众对司法机关,甚至司法制度缺乏信任,他们往往对司法过程,尤其是自身不能及的司法操作充满怀疑;他们能把握的就是白纸黑字写入法条的内容,他们希望看到的就是法官按照法条内容,罪刑法定地对犯罪人施以刑罚,对法定情节以外的其他情节的适用总报以不信任态度。对“赔钱减刑”有警觉心理,终归觉得法官的自由裁量就是暗箱操作的遮羞布。因为“赔偿”终究只是刑事法上的一个酌定情节，除有个别司法解释做过一些笼统和概括性规定外，本身并没有更为具体的适用规则。而作为一种策略性选择，司法中虽大量适用，但因该情节牵涉太多，极其敏感，稍有不慎极易引发不当，因此，司法主体选择了“遮遮掩掩”，事实上也是为了避免刺激民众的敏感神经，引发不必要的“关注”。但这种司法选择反过来又加剧了民众对司法的误解，加重其对司法的警惕和不信任①。诸多因素共同作用，导致民众对“赔钱减刑”做法的极度警惕和不认同，最终使“赔钱减刑”的地位没能得到应有的凸显，严重阻碍了“赔偿”情节在量刑中的合理适用。

诚然，由于“赔钱减刑”理论研究的匮乏与司法实务的极力推行形成了鲜明反差，引发民众质疑在所难免，刻意回避或视而不见都非明智之举。事实上，“赔钱减刑”做法之所以在实践中引发如此多的冲击和批判，部分原因还在于对其讨论的不足，对“赔钱减刑”进行理论论证和实践探索，也是为了弥补该制度推行过程中所缺失的公众基础。所以，目前而言，摆在理论研究者面前的迫切任务应是，直面民众质疑，厘清“赔钱减刑”何以引发紧张关系，赔偿影响刑罚的合理性最终被证实也好，证伪也罢，都需要从刑事法理论本身对“赔钱减刑”进行透彻阐释，以回应公众质疑，并正其名分，此亦为本书写作意义之一。基于此，笔者将专章回应质疑和分析“赔钱减刑”现实的风险。

在笔者看来，赔偿与刑罚分配之间可以建立关联，以人身危险程度降低为由肯定“赔钱减刑”的主张，至少明确了赔偿影响量刑的部分正当化根据，体现了对被害人利益、社会利益与安全等现实需求的关照。只是，

---

① 极端情况下，本已对社会财富贫困悬殊存有诸多怨气的民众无法接受财富多寡而导致刑罚不同，甚至“不惮以最坏的恶意来揣测”司法机关，即使面对公正的判决，也会报怀疑和逆反态度。

长期以来，学界似已习惯固化行为人因素与人身危险性的对应关系，把行为人罪前、罪后情节归属评估人身危险性的因素，以致每每谈及“赔偿”必然关联犯罪人人身危险程度，而无暇其他。甚至有学者认为“赔钱减刑”虽在一定程度上体现了功利正义与恢复正义，但却不能体现报应正义，无法体现司法正义和司法公正①。

博登海默曾言，法律是一个带有许多大厅、房间、凹角、拐角的大厦，在同一时间里想用一盏探照灯照亮每一个角落是极为困难的。尤其当技术、知识和经验受局限的情况下，照明系统不适当或至少不完备时，情形就更是如此了。② 对此，笔者深以为然，故而，在笔者看来，“赔偿”虽应主要作为人身危险性情节，在犯罪预防语境中予以审视和考察，但刑罚功利性目的的实现离不开报应犯罪的正当基础，只有立足对犯罪的公正惩罚，才能实现合理有效的犯罪预防。报应性根据赋予了犯罪预防的正当化基础，制约了刑罚对功利的绝对追求。手段对于实现目的的不可或缺性决定了报应与功利相结合的必要性和可能性③。如果“赔钱减刑”与罚当其罪的报应性司法格格不入，脱离了报应性视角的“赔钱减刑”势必会因为刑罚不公而不完全正当，“赔钱减刑”的正当性根据将大打折扣。从报应性视角看，犯罪人赔偿实质上往往具有回溯犯罪行为、弥补和修复犯罪实害的性质，最终可以影响到我国刑事司法定罪量刑的核心因素——社会危害程度的大小。因此，从报应性视角分析“赔钱减刑”，既是为其功利性根据提供正当基础，也是更全面证成赔偿影响量刑的基本要求。甚至，

---

① 参见吴立志：《对黄岩帕萨特辗压老人致死案定罪量刑的思考——兼论“赔钱减刑”》，《政法论丛》2007 年第 5 期。

② 参见［美］博登海默：《法理学：法律哲学与法律方法》，邓正来译，中国政法大学出版社 1998 年版，第 217 页。

③ 参见邱兴隆：《穿行于报应与功利之间——刑罚一体论的解构》，《法商研究》2000 年第 6 期。

如果从民众的尖锐批评和媒体的肆意渲染中剥离出来，站在研究分析的立场上看，"赔偿减刑"不仅关联责任刑与预防刑的裁量，还涉及了法律理论关注的一些基本命题，譬如，法律的威慑与效率、惩罚与救济、报应性司法与恢复性司法、刑民关系等，对"赔钱减刑"问题的全面、深入分析，将有助于厘清上述问题。

量刑的正当性根据决定量刑情节的选择与具体适用，而量刑的正当性根据需要从刑罚的正当化根据出发来证成。[①] 为此，论证"赔钱减刑"的正当性必然应以刑罚理论为基础，故而，本书在阐述"赔钱减刑"的积极价值时，基本思路是从刑罚基础理论出发，阐明"赔钱减刑"的根据就是量刑的根据，是量刑基本理论的具体化适用过程，而非对量刑基本原则和理念的违背。从量刑理论上讲，任何量刑情节对刑罚的影响都最终归结于它对行为社会危害程度和行为人人身危险程度的影响及程度，如果从恢复性司法角度看，还应同时考虑对社会关系修复的内容。基于此，本书以下章节着重从责任刑分配依据和预防刑裁量，以及恢复性司法视角论证"赔钱减刑"之正当性与积极价值。

① 参见王瑞君：《刑事被害人谅解不应成为酌定量刑情节》，《法学》2012 年第 7 期。

第二章 “赔钱减刑”的责任基础

“善恶有报”历来被认为天经地义，立足于朴素伦理观念的报应主义刑罚强调通过让犯罪人承受痛苦的方法，使犯罪人基于自己的行为与罪责，通过正义的方式得到反映、弥补和赎罪。报应思想肇始于人类朴素自然的正义观念，翻阅人类历史上任何国度的早期法律文本，无不镌刻着同态或同害复仇的烙印。在人类文明发展进程中，对恶害的报应则经历了从私人复仇与家族私斗到国家刑罚的过程，最终将报应的权力从私人手上转移到了公权力部门。报应主义刑罚理论也经历了由康德的等价报应论到黑格尔的等量报应论，再到该当论的历史发展进程。

作为刑事古典学派的代表人物之一，康德以自由意志论为理论前提，认为刑罚是针对犯罪人所实施的惩罚和报应，原因是犯罪人由于其实施的犯罪行为而具有道义责任，故而“只有依照同害报复的原则，使刑罚所施于罪犯的痛苦与罪犯加予被害人的恶害保持数量上的绝对等同，才能维持正义天平的均衡”。① 在对康德等量报应观批判继承的基础上，黑格尔提出了等价报应论。黑格尔认为，犯罪是对法的否定，刑罚则是对犯罪的否定，刑罚通过对法的否定之否定实现正义的回复。并且，黑格尔进一步认为，“犯罪与刑罚的同一性，不是侵害行为特种性状的等同，而是价

① [德]康德：《法的形而上学原理——权利的科学》，沈叔平译，商务印书馆1991年版，第164页。

值的等同"。[①] 由此，黑格尔与康德一样，从犯罪人是人，人作为主体性存在，只能是行为的目的而不能作为手段这一前提出发，主张刑罚以惩罚为目的，反对把惩罚罪犯作为预防犯罪的手段。只是，黑格尔追求犯罪的严重性与刑罚的严厉性这两个抽象价值之间的轻重对应，克服了康德等量报复论因刑罚有限但犯罪无限而导致的刑罚分配的不可行性，也使罪量与刑量的最终对应变得现实和有意义。20 世纪 70 年代初，刑罚该当性理论逐渐流行于西方国家，该当论的逻辑结构大致表述为：谴责错误行为是一种普遍的道德标准，犯罪是一种错误行为，应受谴责；不同的犯罪因严重性不同而在应受谴责性程度上不同；刑罚作为对犯罪的一种反应，必须具有谴责性，刑罚也因严厉性不同而导致谴责程度不同。依据公正的要求，作为谴责犯罪手段的刑罚，其严厉性应该与作为谴责对象的犯罪之严重性相当[②]。

报应刑论由于扬弃了自然报应观念对犯罪的本能和消极的复仇意义，强调国家刑罚权发动的正当性，具有防范国家刑罚权肆意发动的人权保障机能；同时，报应论把追求与实现罪与刑的均衡作为实现和恢复正义的途径，具有朴实性和公正性，报应正义追求的社会公正性成就了功利价值的正当性。

立足报应立场释明合理赔偿之于刑量减轻的价值，从报应视角对"赔钱减刑"进行正当性论证，具有两层立意：一是阐释赔偿具有的自罚性质，明确因犯罪人对自身行为造成实害的部分消抵而出让刑罚的正当根据；二是如同刑罚不具天生正当性一样，赔偿明显带有交易性质，划定合理边界既是防止放大其功利而化解责任，更是为了发挥刑法的双重保

① ［德］黑格尔：《法哲学原理》，范扬译，商务印书馆 1982 年版，第 104 页。
② 参见邱兴隆：《从复仇到该当——报应刑的生命路程》，《法律科学》2000 年第 2 期。

护功能。

从报应论视角看,寻求对犯罪人恶行的报应是刑罚的根源和基础。在哲学上,报应指以某种已然存在为根据决定对某一事物的反映,或者基于某一事物本身的性质决定对某事物的反映①。回报、应答等都反映了该种对等性反应。② 报应论即便存在等量报应、等价报应、该当论等学说差异,刑罚是对犯罪的一种回应始终是其立论的根本。犯罪是刑罚的先因,刑罚是犯罪的后果,罪与刑之间是一种前因与后果的引起与被引起关系,进而,已然的罪行大小决定刑罚轻重。罪与刑之“恶害相抵”并非用惩罚去消除犯罪危害,用事后评价去消除业已造成的现实损害,而是强调通过适度的惩恶安抚人心和实现扬善之目的。正因为如此,完成“罪刑均衡”公式至少要求:存在“害”之施加的前提——行为“恶”,即犯罪人实施了不法且有责的行为;施于行为人的痛苦要与行为的客观“恶”和行为人主观“恶”所组成的罪量相当,否则就是一种过剩的惩罚,违背适度原则。刑罚的本质是痛苦,通过将剥夺性痛苦施予犯罪人实现罪与刑的均衡,是“恶害相抵”的一般表达。由于具体剥夺性痛苦的方式既可以是剥夺自由,也可以是剥夺财产,同具失去利益性质的赔偿便有了对应评价罪量的效能。加害人主动赔付虽在危害行为实施且造成实害之后,客观上却仍在减轻损害;赔偿与刑罚不同,行为人的交付是主动的,主动交付是自我剥夺,自我报应仍具痛苦的质性;赔偿对象是被害人损害,决定刑罚的关键也是如此,可见,犯罪人侵权之债是其承担国家之债即刑罚的缘由,如果赔偿部分挽回被害人损害即降低行为“恶”,国家之债随之降低即是合理的。不仅如此,促成赔偿与刑罚的合理互动明显区别于纯粹的

① 参见张竹云、邵维国:《论康德刑罚道义报应学说》,《广州大学学报(社会科学版)》2009 年第 6 期。

② 参见陈兴良:《刑法的启蒙》,法律出版社 2007 年版,第 146 页。

报应主义,改变了单纯关注公权力与犯罪人二者互动的单一格局,体现了对被害人利益的关注和社会关系的修复,同时是基于预防再犯罪的考虑。质言之,立足于报应与预防的双重价值,拓展行为与责任同在的一般理解,确认合理赔偿是对“恶害相抵”的特殊表达,远比单纯报应性司法更能体现刑法的人性基础,更能紧密刑法评价的因果链条,更符合社会共存和发展的长远需要。

在当前国内刑事法理论已充分论证犯罪人“赔偿”的功利性价值之当下,基于因赔偿降低行为实害程度的事实阐释赔偿与责任的关联,是为“赔钱减刑”正名的关键。

第一节 由降低实害减轻行为的客观“恶”

作为犯罪的本质特征,严重的社会危害性既决定重罪与轻罪,又决定着刑罚的质与量,基于二者之间决定与被决定的关系,贝卡利亚在其论著中提出了社会危害是衡量犯罪的真正标尺的命题。他说:“我们已经看到,什么是衡量犯罪的真正标尺,即犯罪对社会的危害,这是一条显而易见的真理。”①准确定罪既是对行为社会危害程度的回应,亦是恰当量刑的基础,三者之间存在着社会危害程度决定犯罪,犯罪引发刑罚这样一条因果链,正所谓“原因的原因是结果的原因”②。施予某人的刑罚产生于行为人行为具有的社会危害性,只是这种决定与被决定的关系依托了定性“犯罪”而得以定型,作为既是社会危害性的“果”,又是刑罚“因”的罪名起到了中介作用,立法和司法借助设定的罪名,通过相应的罚则,使轻

① [意]贝卡利亚:《论犯罪与刑罚》,黄风译,中国法制出版社 2002 年版,第 78 页。
② 张明楷:《刑法格言的展开》,法律出版社 2013 年版,第 258 页。

重不同的社会危害性对应痛苦程度有别的刑罚，进而将社会危害性大小转化为刑罚量，这亦是报应犯罪的基本要求。

在我国，犯罪的社会危害性是指犯罪行为危害我国刑法所保护的社会关系以及体现这些社会关系的国家和人民利益的特征。① 毋庸置疑，社会危害程度是综合众多情节的评判结果，行为以及由此导致的客观危害是社会危害性的重要内容，而行为人犯罪时的主观罪过，以及行为人因素是否应归入行为的社会危害性评价体系中，却是一个存有争议的问题。黎宏教授认为，主观意思在没有转化为外部行为或结果时，不存在“实际损害或现实威胁”，因此，不得将行为人的主观要素考虑其中②。陈兴良教授则认为，危害程度是由犯罪的一系列主客观因素综合而成的，包括犯罪的事实、性质、情节以及犯罪人的主观恶性程度等③。还有学者提出，将行为人的人身危险性一道归入社会危害性评价之中④。笔者赞成将行为人的主观恶性考虑其中，但不应包含行为人的人身危险性。因为，通常来说，脱离了行为时的主观罪过，所谓的客观危害很多时候根本不是刑法意义上的客观损害。以故意杀人和正当防卫为例，基于剥夺他人生命的故意，拿刀杀人的行为，致人死亡的结果才能评价为侵害结果；而如果基于保护他人的或自己的正当权利实施的拿刀杀人行为以及致人死亡的结果，即使杀人行为和致人死亡的结果可以看作客观损害，但是最终也由于行为人主观目的的正当性阻却了对行为的违法性评价，导致对整个行为犯罪评价的阻却。有学者会说，犯罪评价中并不是不考虑行为人的主观

---

① 参见何成兵：《赔钱减刑的法律定位与价值探讨》，《法治研究》2010 年第 5 期。

② 参见黎宏：《判断行为的社会危害性时不应考虑主观要素》，《法商研究》2006 年第 1 期。

③ 参见陈兴良：《规范刑法学（第二版）（上册）》，中国人民大学出版社 2008 年版，第 336 页。

④ 参见马荣春、韩丽欣：《论犯罪社会危害性评价机制的确立》，《中国刑事法杂志》2007 年第 4 期。

责任，只是不在客观危害当中考虑，否则会落入主观主义的泥潭。在笔者看来，如果是在德日三阶层的犯罪论体系下，在违法性阶段主要评价客观危害，在责任阶段专门评价主观状态，本身并无不妥，毕竟三阶层体系下，违法性和有责性代表的仅仅是法律评价的不同阶段，即使违法性评价中不对主观罪过进行规范性评价，在有责性阶段也会完成对其具体评价。但是，在我国社会危害论体系下，社会危害性作为犯罪的本质特征，其实就是一种含糊笼统地涵盖了客观危害和主观有责的一种综合性的犯罪评价，它对应的是刑事违法性特征。刑事违法性特征其实是社会危害性在法律上的表现形式，本身仅是对罪刑法定原则的一种贯彻，具有限定入罪的价值，不具有大陆法系主客观分类评价的明确标准，因此，社会危害性应该包含行为的客观危害和支配行为人实施此次行为的主观责任。而人身危险性是在本次犯罪中呈现出来的行为个体的一贯特征，只具有预防其再次犯罪的功利性价值，事实上不具有评价此次犯罪危害性及程度大小的意义。

犯罪结果是评价行为社会危害程度的重要指标，应是不言而喻的结论。因此，结果之于社会危害性评价从认知角度而不是犯罪发生机理方面展示“结果无价值”学说的重要价值。作为定性犯罪的思维工具，结果无价值学说提示法律人由客观到主观、由外向内的思维步骤，建立了结果之于行为违法性质的关联，进而造就一套凭借具体知觉和抽象理性识别个人行为刑法性质的客观标准。顺沿这样的思维路数通观行为演化过程，还会看到，行为人已经造成无论是物质、心理损害还是社会关系的破坏，结果虽随行为完成而有所呈现，却不一定都会随着该行为实施终了而被固化，很多时候，行为人通过赔偿自行承担危害之“果”，仍然可能实际降低犯罪的客观损害。

只是，上述定论附有特定背景和假设条件。赔偿之所以很难在规范刑法理论中占据一席之地，在于赔偿不具有天生的正当性，它的正当性与合理性都须置于特殊的犯罪类型、赔偿主体和对象、赔偿时间甚至一定时空的人际互动等综合和动态因素组成的特殊语境下讨论。其中，犯罪类型在相当程度上限定了赔偿可能影响刑法评价的范围。以行为对象有无具体被害人为标准，犯罪可以划分为有具体被害人的犯罪和无具体被害人的犯罪。无具体被害人的犯罪直接侵害国家利益和公共利益，由于既无具体的受偿个体，又无法考量赔偿的效度，无法评估被害人谅解及程度，所以无法启动和运行相应的损害赔偿活动；加之公共利益的重大性、不可放弃性和抽象性，针对这类案件讨论赔偿的刑法意义，通常会处处受阻。存在具体被害人的犯罪既包括了直接针对个体实施的犯罪，也包含了在实施扰乱经济、社会管理秩序以及危害公共安全等行为损及个人利益的情形，侵害的个人法益通常包括财产法益和人身、民主权利，赔偿在后一犯罪类型中既是某种事实存在的状态，又符合广义法律责任的含义，因而具有正能量。

对于存在具体被害人的犯罪而言，以及就本书讨论的主题和基本权利的法律阶位而言，所谓受到侵犯的权利首先是指具体被害人的财产和人身，包括被害人遭致物质和精神双重伤害的情形；其次才是该行为对公共秩序和政府管理的冲击和破坏。质言之，既然犯罪侵害的首要法益是被害人的财产性利益或人身权益，本书在责任框架下讨论赔偿作用，一般以此范围为限。

一、赔偿对财产性损害的减轻

通常来讲，犯罪人积极赔偿对于被害人财产性损害的减轻具有显而易见的作用。现实中，犯罪行为引发的财产性损失，通常包括如下情形：

第一种情形是由于犯罪行为导致原物受到部分损害，但可以通过修补实现原状的恢复；第二种情形是由于犯罪行为导致原物受到毁损，无法修复；第三种情形是犯罪行为导致原所有人丧失对物的所有，且无法追回原物；第四种情形则是由于犯罪行为导致原所有人丧失对物的所有，原物可以追回。针对第一种情形，虽原物受到损害，但是如果通过修补可以恢复，则犯罪人此时做出的物质性给付就有助于及时完成对原物的修复，甚至犯罪人自己完成了对原物的修复。此一结果，对于被害人遭受的物质损害来讲，就几乎等同于损害未曾发生过。对于第四种情形，被害人由于犯罪遭受到的物质损害伴随原物的追回得以恢复。于第二种、第三种情形来讲，所有人由于对原物丧失所有与支配或原物无法得到修复，造成的损失似乎是既定的，但由于大多数案件中，行为人损害的仅仅是作为种类物的物质性利益，而不是具有独一无二性的特定物，该损害后果一般可以通过赔偿予以近乎同质化或等值性的弥补。唯独对某些特定物而言，由于无法实现等质的修复，于被害人而言，由于特定物具有的特殊价值且难以实现同质的修复，犯罪行为给其精神造成的伤害是需要得到正视的。但对于物质损失而言，虽然该特定物无法实现原物的恢复，如果可以对该特定物的市场价值进行基本估测，根据评估结果，由犯罪人结合自身赔偿能力，做出部分、全额甚至超额的赔偿，这样的结果，即便无法实现被损利益的完全恢复，至少对被害人而言，犯罪人积极赔偿，终归对其损失来讲，是一种补偿，实质上使被害人遭致的物质性损失部分得到了相当程度的降低。

须予补充的是，由于不可能是绝对的对价活动，行为人的赔偿有时至少会在客观上消弭其实际损害，曾经的被害人甚至因加害人超额赔偿而获益。

二、赔偿对人身权益损害的补偿

在侵害人身权利类犯罪中，由于诸如死亡、残疾等严重人身损害具有灾难性和不可逆转性，无法通过任何方式使受损害的身体状况回复到以前的状态，尤其对生命的剥夺具有绝对的不可挽回性，此时，赔偿的确不能挽回犯罪的直接损害。对此，边沁也曾指出，“金钱补偿不可能使做过的事情化为乌有，不可能恢复失去的肢体，不可能把一个儿子还给其父亲，也不可能把一个父亲还给他的家庭。但金钱补偿可能对被害人的状况发生作用，可能给予他与遭受的恶害相当的利益，且在调整其财富时，还有利于受害人一边增加砝码以与另一边平衡”①。从广义的犯罪损害看，确认赔偿对于一定程度上减少损害，补偿和救济被害人及其亲属的作用，只是一种退而求其次的选择，对此，《侵权责任法》的赔偿规定已有佐证。《侵权责任法》普遍采用“赔偿”的方式尽可能弥补被害人人身及精神损害，最高人民法院《关于审理人身损害赔偿案件适用法律若干问题的解释》还确立了基于人身权益损害衍生出来的“物质损害赔偿金”和“精神损害抚慰金”的双重赔偿方式。② 而在被害人因侵权致死引发的“死亡赔偿金”的性质讨论中，近年越来越多的学者认同“死亡赔偿金”是对死者近亲属“逸失利益”的赔偿，而非“命价”。③ 一则因为生命无价，赔偿无从谈起；再则，近亲属与死者之间确实存在经济上的牵连和情感上的依赖关系，亲人离世会给他们带来财产性损害和精神上的痛苦，把赔偿

---

① [英]边沁：《立法理论——刑法典原理》，李贵方、陈兴良等译，中国人民公安大学出版社 1993 年版，第 185—186 页。

② 参见黄金桥：《人身侵权损害与死亡赔偿的制度理性》，《北方法学》2009 年第 4 期。

③ 参见张新宝：《〈侵权责任法〉死亡赔偿制度解读》，《中国法学》2010 年第 3 期。

界定为对近亲属丧失预期利益的补偿重申了赔偿“填补损害”的功能,使赔偿的发动和数额计算有了更确切的依据,也为行为人其他责任的减轻提供了依据。由此可见,侵权责任法上的赔偿始终立足“补偿”功能,使侵权法的“救济法”特征凸显,也使司法结论更呼应人的情感诉求。这对于形成刑事法的整体合理反应是有启发意义的,至少应该让加害人的主动救济仍可以影响刑罚,尽管这种影响力限于调低刑罚力度。而对于造成被害人伤害的案件,行为人给付相当数额的金钱,或可起到及时治疗被害人,令其最大可能恢复健康或减轻伤情和痛苦的作用,赔偿与刑罚的此消彼长一并对应被害人的实际损害程度,将评价犯罪“恶”拉长到评价行为“恶”,原理同于中国传统法系的“保辜”制度。①

值得注意的是,现行刑事法对被害人及其家属补偿的规定甚少,即使部分案件可以提起刑事附带民事诉讼。根据《关于刑事附带民事诉讼范围问题的规定》,被害人民事诉讼的范围也仅限于因犯罪遭受到的物质损失,被害人遭受精神损失而提起附带民事诉讼的,人民法院不予受理。该规定致使遭受犯罪损害的被害人及其近亲属赔偿请求权的范围小于遭受一般民事侵权行为的受害人及其近亲属,尽管并不排除前者另行提起侵权诉讼一并追偿物质和精神双重损害的可能,“讼累”和判罚执行效果难以预测,客观上可能接续甚至加剧被害状态。就算部分案件最终得到了法院的“判决赔偿”,但民事赔偿与刑事处罚的双重责任,罚归罚,赔归赔的平行关系,遭遇理性犯罪人的“利我算计”便“合乎常理”地造就了判决执行效果差的现实结果。在有直接被害人的案件中,犯罪是民事侵权的升级,对于普通的侵权损害,民事法律尚且殚精竭虑地予以保护,刑事

① 《唐律疏议·斗讼》规定:诸保辜者,手足殴伤人,限十日;以他物殴伤人者,二十日;以刃及汤火者,三十日;折、跌肢体及破首者,五十日。限内死者,各依杀人论。其在限外及虽在限内以他故死者,各依本殴伤法。

法律对于确认犯罪人赔偿顾忌重重,客观上会减少对被害人遭受损害的救济与补偿。如果立法或者司法确认犯罪人主动赔偿的正面效用,在民事赔偿和刑罚轻缓之间建立关联,既体现了责任均衡与刑罚轻缓的双重价值,更具救济被害和安抚被害家属的现实效果。

三、赔偿对公共秩序遭受损害之回应

对于行为扰乱社会管理秩序而言,赔偿看似没有直接恢复被破坏的法秩序的可能,事实却是只要存在直接被害人,赔偿就具有减轻被害程度、降低客观“恶”的作用。众所周知,刑事犯罪和民事侵权的界限不只是侵害程度的差别,前者不仅是对私权的侵害,还因为对私权侵害的严重程度造成了对公共秩序的严重破坏。既然这是国家将此类行为上升为犯罪并予以惩处的理由,加害人对被害人财产损害的赔偿和对被害人的心理安抚,因此降低甚至完全挽回犯罪损失,刑罚对此应有回应,尤其当最终实害与一般民事侵权造成的损害相当或者更小的时候,加害人换得与民事侵权基本相当的法律处置,是对报应思想的现实推演而非异化。况且就持续发挥刑法规导行为的机能而言,确认这种自罚的选择要比强制赔偿更具效度,加害人赔偿实现了客观“恶”之降低,在责任可容范围和程度,因其认罪悔悟表现和与法律合作的态度而出让刑罚空间。换言之,赔偿与刑罚在合理幅度内的此消彼长,令刑事司法更讲求信度,由此更具有权威性。当下刑事附带民事诉讼的判决结果很难被执行,从反面说明了这一点。

质言之,法定刑的轻重并非适用赔偿情节与否的标准①,行为侵害的

① 有学者提出,可以考虑依案件轻重不同,规定赔偿影响刑罚作用力的大小。参见王瑞君:《赔偿影响刑罚及其规范——从赔偿与刑罚关系的样本分析切入》,《学习论坛》2012 年第 4 期。

法益性质决定着赔偿有无意义。不同类型犯罪中,赔偿适用的价值根据也应有别。主要针对具体被害人的犯罪中,赔偿通过减轻犯罪损害和安抚被害心理,客观上起到了减轻犯罪损害的作用;妨害社会管理秩序罪中因赔偿出让刑罚的主要根据是犯罪人表现出来的合作与妥协态度,以及由于被害与加害关系的部分修复,具有修复被破坏的社会关系的作用。因此,赔偿尽管不是刑法总则明确规定的量刑情节,它却在刑罚已有理论框架中直接影响对犯罪后果的评价,德国刑法第46条规定量刑原则,第46条a紧接着确认赔偿作用及范围,对此做了立法诠释,它提示法官量刑时必须关注赔偿时间、数额、效度及被害人谅解等内容。由此可见,不同类型犯罪中赔偿地位存在差异,并非是对赔偿意义的否定,而是基于刑罚裁量个别化、均衡量刑的基本要求,不宜刚性规制赔偿的适用。

第二节 由降低实害减轻行为人的主观“恶”

前已述及,不少学者常把行为人因素固化为衡量行为人人身危险程度的指标,进而在论述“赔钱减刑”正当性时强调行为人的赔偿行为与人身危险性降低之间的关联,而往往忽视了赔偿行为还具有彰显行为人可遣责性降低,进而减轻责任刑的意义,因为,行为人行为特别是罪前和罪后行为虽有征表其人身危险性变化的功效,很多时候却同样具有评判犯罪“恶”之增减的价值。譬如,累犯、再犯被传统观念认为是典型的人身危险性情节,但它们其实显示了行为人怙恶不悛的本性,其可罚性的根据是行为人蔑视、敌视法益的意志状态能被罪过归属①。

① 参见王利荣:《案外情节与人身危险性》,《现代法学》2006年第4期。

行为人主观恶性指行为人对刑法敌视、漠视、忽视的态度,它包括罪过以及其他附着于行为的行为人因素。主观恶性作为量刑的主要根据之一,是行为人主观上存在的相对稳定的敌视、蔑视、轻视法规范的品性,它以行为人的人格为基础,以行为为表现形式,以侵害或威胁法益为后果,既包括了行为人犯罪时的心理态度,还包括行为人在罪前已经形成的比较稳定的恶劣品性和犯罪后对犯罪行为的态度①。主观恶性不仅具有预测犯罪人再犯危险的作用,还具有评价过去行为性质、程度以及行为人可谴责程度的功能,其中罪过是其核心要素。按照责任主义的基本观点,行为是受意志支配的选择,罪过是过滤行为不法且有责性质的最后一道栅栏。在德日犯罪论体系中,行为的可罚性既是积极责任主义“有责任就有刑罚”正义伦理的体现,更是“无责任即无刑罚”的消极责任主义对刑罚发动的限定。前者意味着经过了行为有责性判断,刑罚报应才具有正当性;后者意味着经过了刑罚必要性的价值过滤,惩罚犯罪人才具有规导社会行为的积极意义。

由于加害人的罪过外化为客观行为且已导致实害,就罪过评价定格于行为而言,“覆水难收”是事后评价行为人赎罪效用的逻辑困境。有学者认为犯罪行为既已完成,损害结果既已造成,行为人事后的损害赔偿不能改变其行为的危害实质,行为人的罪行亦不能通过事后行为得以消解或减弱②。有美国学者认为,刑事责任出现在犯罪发生之时,从理论上讲,并不受被告后来行为的影响,不管该行为有多么真诚和慷慨。③ 诚然,作为定罪对象的只能是行为人已然实施的行为,对犯罪人的量刑虽然

① 参见陈兴良:《刑法哲学》,中国政法大学出版社 1997 年版,第 530 页。

② 参见杨忠民:《刑事责任与民事责任不可转换——对一项司法解释的质疑》,《法学研究》2002 年第 4 期。

③ 参见[美]埃米利·希尔弗曼:《美国的刑事赔偿制度(上)》,刘孝敏译,载《刑法论丛》(第 10 卷),法律出版社 2006 年版,第 249 页。

也是针对行为人行为展开的,但却必然是对犯罪人的刑罚裁量①。“行为是行为人的行为”这一命题决定了行为与行为人之间具有无法割裂的关系,虽不能把行为因素简单贬低为行为人人身危险性的征表,但却能得出客观行为是行为人一系列主观意愿外化表现的一般结论。因而,对行为因素的衡量不应该是割裂式和孤立性的,行为人的主观恶性是一个内在性因素,对其评价是一个“主观见之客观”的综合判断过程,并非只由行为时的客观表现推知。为准确把握犯罪人主观恶性程度及变化,我们不得不“瞻前顾后”地扩展行为之范围,借助罪前、罪中和罪后表现完整客观地呈现其主观“恶”。参酌域外及我国刑事立法和司法均可发现,行为人自首、立功及累犯等罪后表现往往影响犯罪人的刑之轻重甚至罪之有无,这便是以实践突破了“覆水难收”的理论困境。单纯的回顾性报应使刑罚不具有目的性,纯粹的功利性目的由于缺乏公正基础和责任限制,又极易陷入以目的合理为由而不择手段的泥潭,因此,将报应作为限制功利的手段表达刑罚的正义,才是正途,进而,定格罪过不意味着拒绝评价行为人主观意志的变化,否认行为人自我救赎的积极价值。行为人犯罪后的自愿赔偿虽属罪后表现,但因其是犯罪人整体人格的映现,对这部分行为的关照和回应不仅不是对定罪量刑基本原则的违反,反而是全面、合理量刑的基本要求。如果犯罪人赔偿可以征表行为人意志变化亦即降低主观“恶”,出让刑罚空间的理由是成立的,事实上,一般来说,行为人积极赔偿无外乎两个动因。

其一,基于对先前行为的悔恨与反思,希望用赔偿挽回犯罪损害,此谓“赎罪”。赎罪是行为人对自身犯罪行为的否定,如罗克辛教授所言,

① 所以刑罚分配中不仅要考虑行为人基于已然行为所产生的罪责程度,还有对未然状态之预测的预防刑的裁量。

"赎罪"意味着行为人在内心将惩罚作为正义的罪责弥补而加以接受,将自己的违法行为在心灵上加以反省,使自己改过自新,通过这一过程使自己重新获得人格性和社会性的纯洁。① 赎罪既可以是表示接受法律制裁,又可以是行为人事后赔偿或其他寻求被害人谅解的行为,二者的相同点是行为人犯罪时的主观意识和行为虽不可改变,"赎罪"的态度和行为却能影响对犯罪法律后果的整体评价。因为作为主观意志的外化表现,行为人从对抗到忏悔的心理和行为变化,表征其主观意志正在向社会所希望的方向改变,既有对先前行为和罪过的救赎,也有重塑其人格的价值。二者的不同点是,赔偿是最典型的也是最传统的赎罪方式,此时的"赎"是行为人基于内心忏悔的作为,即以自损弥补犯罪实害,这种自我报应的行为最可能降低行为的客观"恶",获得趋于理性的被害人的接受,进而得到社会谅解。在这个意义上看,如果赔偿降低了行为客观"恶"和主观"恶",刑法对此不置可否,反倒是不正当的。

其二,试图通过赔偿,达成财物与刑罚的互易,此谓"赎刑"。如果说"赎罪"是出自犯罪人内心忏悔的行为,"赎刑"则是犯罪人基于交易心理的自利行为,该交易的结果是国家节省了运行刑事法机制的成本,犯罪人实现了减轻惩罚的愿望,被害人得到了相应补偿。目前尽管没有数据验证,但基于人的趋利避苦的天性,犯罪人赔偿往往兼具上述两种心理。"赎刑"心理和行为虽不像"赎罪"心理和行为那么值得肯定,行为人在赔偿过程中所呈现出来的妥协态度和与法律合作的心理,如果能够表明他的主观恶性有所降低,就可以证成其社会危害程度减轻,由此出让刑罚空间的理由是成立的。将讨论视野扩展更远一些,还会找到支撑"赔钱减刑"的另一些理由。作为刑种,罚金极其类似于传统中华法系中的"赎

① 参见[德]克劳斯·罗克辛:《德国刑法学总论(第1卷)》,王世洲译,法律出版社2005年版,第38页。

刑”，确定对某一犯罪“并处”罚金的数额，或者择定“选处”还是“单处”罚金，都取决于该犯罪“恶”的程度。赔偿与罚金不同的是，赔偿是自觉行为，罚金是强制要求，同是犯罪人失去财产利益，自罚决定他罚的进退是符合法理逻辑的。在很多国家，罚金与自由刑在某种程度的互易还表明赔偿与自由刑存在某种程度的互易，这折射了“罚了不打，打了不罚”的一般性理解。

纯粹用事物发展的时间序列分析人类社会现象，可能割裂行为的整体性，忽视人类行为评价的连贯性，因犯罪行为完成且损害结果既已造成，就拒绝用任何事后表现修正对行为的定性，亦非透现规范刑法理论精髓。这种简单性和刻板性的割裂式思维只遵循形式逻辑，而非实质观察分析人类活动及其价值，创造不出社会普遍认同的刑法教义，且与《刑法》第13条但书和部分分则条文规定相悖。就立法例而言，逃税罪以补税，种植毒品原植物以铲除为出罪条件；就司法例而言，因交通肇事的被害人经赔偿后实际损失仍达三十万元是定罪标准，刑法修正案八关于拒不支付劳动报酬尚未造成严重后果，在提起公诉前支付劳动报酬并依法承担相应赔偿责任，可以减轻或者免除处罚的规定等都在延伸行为时间的概念。正是确认个体行为具有前后关联性，有别于所谓“覆水难收”的表层判断，引导个体采取后续行为实现对先前行为的改善或者弥补，才是刑事法的理性表达。而且，既然检察官可以本着刑罚必要性原则因赔偿做微罪不诉，法官可以因赔偿启用第13条但书，在刑罚裁量阶段，赔偿在一定程度上起到降低刑量的作用是可能的，只要犯罪人做出的赔偿减轻了客观“恶”，且被害人及社区的愤怒得以减缓和法秩序得以修复，这种赔偿同时降低了主观“恶”，无挑衅法律权威性和道德良知的恶意，结论就成立。

综上，任何犯罪都包含客观“恶”和主观“恶”两方面的评价，客观

“恶”为法律报应提供依据，主观“恶”使道义报应变得更合理，报应犯罪即是依据已然犯罪造成的法益侵害程度和可谴责性量定刑罚。如果行为的客观“恶”通过赔偿的实际履行得以降低，主观“恶”通过行为人的自我救赎与重塑得以减轻，“赔钱减刑”就具有正效能。因此，在刑罚的具体裁量中，除了回顾性地考察行为人行为时反规范的主观有责和客观有害外，还应“瞻前顾后”地审视行为人对行为危害结果的态度，由此紧密连接狭义责任概念与量刑责任主义的概念。

第三节　由补偿被害完成行为人自食其“害”

面对犯罪，公众简单直观的想法是要求公权力采取措施，让犯罪人领教什么是“恶有恶报”。这既是报应的朴素表达，又是基于对未来自身安全考虑的直觉反应。这种对恶行的反应，对害恶相报的诉求发端于人性深处，具有道德基础。与此同时，扬善抑恶又是人类维系共存的根深蒂固的诉求，它们如影随形般地存在于迄今为止的一切社会文化形态之中，从“以眼还眼，以牙还牙”的古谚到“代天行罚”的中国神权法思想再到康德的道义报应，有目的的报应犯罪从来不是某个个体独具的知觉和意识，而是人类共有的意识和经验。

面对具体犯罪，被害人及其亲友通常是最先做出反应的人，基于对加害人的憎恶，他们理所当然地希望对加诸自身的罪恶进行报复，通过惩罚加害人发泄内心的怨恨和满腔的委屈。正是由于这种惩罚诉求具有原发性且被害人的反应终属个人欲求，这种具体深切的“怨恨”不一定能代表公众诉求，甚至不一定合理。就公众而言，公权力惩罚那些对他人造成严重伤害的成员符合大众朴实的是非观，自然犯对维系人类共存的行为规则和基本情感尤其造成极大的破坏和伤害,一般社会成员更是“不会允许而且不能允许对我们信念侵犯的行为不受惩罚”①。惩罚既表达了自身对弱者的同情,也表达了主体对恶行的憎恶,加之,因为害怕自己在将来的某天沦为犯罪被害人,公众表达谴责时同样可能带有情绪性。面对被害人报应诉求和民众情感倾向,为维系国家安全、公共秩序和个人权益,国家既明令禁止私人复仇,又采取顺应被害人和公众诉求的方法惩罚犯罪,借此昭示社会对犯罪的谴责,令普通人的愤怒情绪得到宣泄,在维持秩序的同时强化公民善恶观念,增强民众对法律的忠诚和信任。②

当今时代的报应不是报复,也不是被害报应,而是责任报应,犯罪人基于自己的意志选择了犯罪,刑罚作为对其责任的清算具有正当性。③问题在于,发动刑罚目标的明确性不代表手段的正当性,发动刑罚的方式仍须规制,否则,刑罚目的不仅无从实现,公众和司法机器共同谴责犯罪的直接结果还会制造出“重刑战车”,被害人利益可能得不到实质保护;更大的风险是刑事法机器一旦演化成转嫁复杂社会矛盾甚至社会过错的专横手段,令公权力即时沦为一种更加难以控制的破坏力。

建立报应犯罪公式,即建立刑罚“害”对应犯罪“恶”的关系正是为了平衡保护三种法益而谨慎使用国家法器。报应观强调理性人应当对自己的行为承受社会后果,即应因错误选择遭受应有的惩罚,进而,惩罚被归属为“害”是就犯罪人利益丧失做出的一般判断,因为只有给予犯罪人痛苦,才能回应其对他人及社会的伤害,同时宣告其行为负价值。就社会行动而言,任何刑罚都是剥夺权益,行为人由此丧失既有的社会资格、财产、

① [法]埃米尔·涂尔干:《社会分工论》,渠东译,生活·读书·新知三联书店 2000 年版,第 60 页。

② 参见郭景萍:《法律的罪与罚:情感的斡旋》,《社会科学》2013 年第 8 期。

③ 参见[日]松原芳博:《刑法总论》,日本评论社 2013 年版,第 2—5 页。转引自张明楷:《论犯罪后的态度对量刑的影响》,《法学杂志》2015 年第 2 期。

自由甚至生命,都意味着以给予痛苦的方式表达谴责,尽管个体感知痛苦的程度不尽相同。为此,有学者将刑罚实质归属为因一己之恶而承受的另一种恶。① 本书为区别犯罪与刑罚本质将其解读为“恶害相抵”,将为伸张正义适用的处罚视为“害”貌似颠倒是非,实质是加有引号的害区别于个人或制度作恶,它重在提示人们伸张正义的目标不能代表手段的正当性,作为双刃剑,用刑罚回应犯罪即事实上的“以暴制暴”尤应警惕公权力的异化,毕竟强大的政府通过理性和节制适用暴力才能胜任维系人类共存的基本行为规则和基本情感的职能,同时自身不致沦为“利维坦”。也正是刑罚之“害”的特质限定其在不得不用时即必要时才予启动和适用,所谓有责性的标准中渗入了刑罚必要性的判断,狭义责任成为了量刑基础,即犯罪“恶”是适用刑罚的上限。

有学者认为,赔偿容易使犯罪人无法感受惩罚之痛,不利于打击和预防犯罪②。事实证明,除了刑罚能带来痛苦,抵消罪行,满足报应外,任何痛苦的施加在某种意义上都具有惩戒之功效,赔偿作为一种恶害的承担,表现为既有合法利益的丧失,本身就是一种痛苦的感受,具有“因罪而罚”的惩罚功能,其与刑罚的混成可共同完成报应目的③。因为,加害人的赔偿行为,其实质是将自己的合法利益交予被害人,虽然出发点是为了满足被害人的求偿诉求,以弥补被害人因犯罪所受的客观损害,安抚被害

---

① 参见邱兴隆:《刑罚是什么?一种报应论的解读》,《法学》2000 年第 4 期。

② 参见王瑞君:《赔偿在刑事司法中的理性定位——兼论被害人救济难题的破解》,《内蒙古社会科学(汉文版)》2010 年第 5 期。

③ 笔者曾经很仔细地想过,为什么民众对于生命刑和自由刑有如此浓厚的“兴趣”,却往往对财产性惩罚非议太多?得出的结论是,或许,如同因为生命只有一次,人们对生命尤为珍视,进而尤其强调生命刑的威慑力一样。民众对自由刑的青睐也源于人的生命长度是一定的,剥夺其中一段时间的自由,对于犯罪人来讲,具有不可恢复性,因而带来的痛苦也是一定的;而金钱的失去虽然也是一种剥夺,但因为金钱的获得可以具有无限性,由此会减少失去金钱带来的痛苦,由此认为赔偿的惩罚特性不够明显。

心理,但客观结果却包含了加害人对自己财产的部分或全部丧失。从该意义上讲,他的犯罪行为最终损害的是自我利益。由此,赔偿是对加害人的一种不利负担,是行为人的自我报应,包含因罪而罚的性质,具有与刑罚互可通约的惩罚本质。“赔偿”则客观上起到了增加刑量的作用,施于加害人的该恶害正是被害人及其家属、社会民众基于正义的伦理情感期望看到的不良后果之一。放眼世界,许多国家的刑事法实践中,通常会把加害人由于犯罪行为遭受到的自身损害,在量刑中予以考虑,其基本理念在于,刑罚是对犯罪人的惩罚,如果犯罪人由于自身行为已经受到惩戒,则基于公平,刑事法的惩罚应适当减轻,以实现罪行与惩罚的相当。《德国刑法典》第 60 条更是以立法的形式确认了“天罚免刑”规则,所谓“天罚免刑”,通常是指如果犯罪人已经因自己的犯罪行为遭受了严重后果,以致再对其判处刑罚明显不当时,法院可酌情减免其刑罚。天罚尚存在免刑的可能性,行为人的“自罚”减刑则有更为充分的伦理依据。

很多时候,犯罪人对被害人承担之“债”与对国家承担之“债”的混成,更能完整表达报应的含义。(1)如前所述,加害人将自己的财产即合法利益交付被害人或者家属,弥补被害人及家属因犯罪所受的客观损害,已在减少甚至消除物质损害;(2)施于加害人之“害”对应于被害人及家属的身心伤害,符合公众对正义的理解;(3)赔偿既然是加害人的负担,行为人因罪不得不自罚具有自我报应性质,加害人物质损失加自由丧失理当组合成为惩罚的份额,在对应犯罪的惩罚中除去赔付部分,符合法理逻辑。

行为人的赔偿减少了罪量,实现了自罚,按照均衡原理,刑事法合理出让刑罚空间合乎法理,也合乎当事人双方的情理和现实需求,由此造就了其旺盛的生命力。面对犯罪,民众的基本情感包含了对被害人的同情、对被告人的愤恨以及对未来自身安危的担忧。前两种情感属于人与生俱来的基本道德，通常随着事件的发生自发产生；后一种情感表明了报应犯罪的功利性和必要性。被害人遭受的客观损害和精神痛苦，其大小和程度不可避免地会影响公众对犯罪人的否定评价和报应情感，故而要求对犯罪人的惩罚与他对被害人造成的伤害相匹配。既然犯罪人的主动赔偿和致歉行为一定程度上减轻了犯罪实害，减缓了被害人痛苦程度，伴随被害人的愤恨情感逐渐平息，对正义的感受逐渐恢复，民众基于对被害人同情基础上产生的报应情感自然应有所减缓。而且，被告人的真诚悔悟和致歉行为在一定程度上起到了重塑其形象、销蚀公众对该犯罪行为负面评价的作用，客观上有助于增加民众对犯罪人积极评价的筹码，进而减少该犯罪所产生的道德罪恶感和社会恐慌，公众对犯罪人的报应性惩戒心理需求也会随之减弱，按理，“赔钱减刑”也应符合民众情理，理应得到公众应允。同时，对“赔钱减刑”的应允还是民众对应然社会生存状态的认识和实然人际关系容许的结果，虽难以科学实证，但却有着深厚的人文基础，是在现有社会关系下的一种有效的矛盾解决方式，虽具有当事人交易性质，但却可帮助实现人际关系回归到相对合理的状态。

但是，由于“赔钱减刑”的司法实践使是否给付金钱成了量刑轻重的重要因素，为人们呈现出了一幅相对残酷和现实的画面：贫穷的犯罪人即使对自身罪行真诚悔过，但由于经济贫乏，无力承担赔偿责任而导致“重刑”；有钱人选择赔偿可能只是其逃避刑罚制裁的策略；富有或有权势的被害人可能不接受贫穷犯罪人赔偿，哪怕后者由此倾家荡产。为此，有学者提出，受害人的权利受到了同样的侵犯，但加害人却因金钱差异而导致所受刑罚的不同，这是否与公平正义原则相背离？① 担心司法实践中，法官可能机械参照双方当事人的损害与赔偿情况决定刑罚轻重，从而在个

① 参见严峻：《“赔钱减刑”引发的是非争议》，《法制与社会》2007 年第 6 期。

人财富状况与刑事责任之间搭建某种间接关系，对平等原则造成冲击①。由于“赔钱减刑”在敏感的金钱和刑罚之间建立了关联，容易导致基于贫富差距而判决结果不公的现实，②将被告人的财产状况作为量刑依据，恰巧造成了对不因财富差距而一律平等适用的平等原则的违背，这使“赔钱减刑”的司法实践饱受争议，民众诘难不断。

针对此，有学者从机会平等层面进行了回应，指出，平等原则之平等是指行为人的机会平等，而非结果平等。“赔钱减刑”只是为每一个被告提供了以实际行动表示忏悔、认罪悔过的机会，该机会对所有犯罪人而言，都是客观存在的。③ 任何人都有在自愿基础上参与赔偿的机会，任何人的赔偿行为都应该得到法律的评价，这是平等的。法律没有设定一条明线或者暗线使穷人无法参与赔偿，实践中也大量存在不富有的加害人通过举债等真诚行为进行赔偿，进而得到了被害人的谅解和刑罚让步的案例。④ 此时的“平等”可以这样理解：对积极采取补救措施以减少损害后果的犯罪人适用相对轻缓的刑罚，这一理念平等地适用于所有犯罪人，法律没有剥夺任何人积极赔偿以换取刑罚轻缓的资格，但若犯罪人没能积极赔偿，不得已只能由国家给予应当的惩罚以抚平被害人的不满情绪，最终，刑罚不从轻只是不得已的最后选择。⑤

---

① 参见白云飞：《量刑中的损害赔偿问题研究》，《求索》2010 年第 11 期。

② 尤其对于可能判处死刑的被告人而言，“赔钱减刑”对被告人来说是生与死的区别，被告人通过积极的物质赔偿可能改变原本的死刑判决，如孙伟铭案。不可否认，获得改判，虽离不开被害家属最后的谅解，但一定程度上是以被告人拥有一定的物质条件为前提的。

③ 参见王瑞君：《“赔偿型”刑事司法的反思》，《河南省政法管理干部学院学报》2010 年第 3 期。

④ 参见王志祥、张伟珂：《刑事和解视野下民事赔偿影响刑事责任的正当性之辨正——以民事赔偿影响刑事责任与刑法基本原则之间的关系为视角》，《山东警察学院学报》2014 年第 5 期。

⑤ 参见宋英辉等：《我国刑事和解实证分析》，《中国法学》2008 年第 5 期。

笔者不认为“赔钱减刑”的司法操作会损害人人平等的基本原则，除非是法官违背法律基本规定的不均衡判决。如前所述，赔偿既然是加害人的负担，对富有的犯罪人而言也具有因罪不得不自罚的自“害”之痛，只不过，对贫穷的犯罪人而言，这部分财富的丧失，给其生活质量带来了实质性影响，其惩罚性痛苦或许比富人要来的深刻和鲜活，但是，由此否定赔偿适用的不公，实为不当。其一，就痛苦是一种感受而言，应该承认，即使面对同一处遇，也不可能有绝对无差别的感受，追求刑罚的绝对公平，几乎是不可能的。以监禁刑为例，尽管监禁的表现形式是无差别的剥夺自由，但事实上，对不同阶层、不同个体而言，其内心体会、痛苦程度以及犯罪预防效果终究是不完全相同的。对于某些人来讲，监狱是一个无自由可言的地狱，监禁是一种无法想象的痛苦，是一种持续不断的折磨；而对另一些人来说，尤其对流浪汉来讲，监狱则是可以给他们提供舒适住处和惬意的场所，入狱意味着过上了衣食无忧的生活。从这个意义上讲，对不同的人判处监禁刑，也是不公平的①。事实上，要想在各种变量交叉作用的社会矛盾和社会冲突中保证法律本身及其运作都是绝对平等的，只能是美妙的想当然。② 刑罚具体适用中不得不“忽略”这些不公平。其二，即使确实存在“富可敌国”的加害人，微不足道的赔偿金额对他来讲“九牛一毛”，丝毫不具有惩罚之痛，但他适当的赔偿金额确有补偿被害人、减轻罪责的意义，出让刑罚仍在责任刑的意蕴之中，其主动赔偿和刑责的承担，不仅共同完成了对他的犯罪报应，还起到了良好的社会效果。

进一步从超法规层面看，刑法面前人人平等，“罪刑均衡”原则的适用事实上是并且也只能是在承认行为人存在现实不平等但刑事法无力消

① 加罗法洛在其著作《犯罪学》一书中对此有过详细论述。具体参见[意]加罗法洛：《犯罪学》，耿伟、王新译，中国大百科全书出版社 1996 年版，第 273 页。

② 参见卓泽渊：《法律价值》，重庆大学出版社 1994 年版，第 282 页。

除这种不平等基础上展开的,刑罚的适用并非造成了新的不平等,只是确认了已然存在的不平等事实而已①。平等原则既是“同样情况同样对待”,也是“不同情况不同对待”。② 刑罚具体适用中的平等对待犯罪人,是适用法律时的平等,而非法律适用后结果的等同。最终,呈现出结果的差异性,也是源于行为人已然的事实不平等,而非法律适用的不平等。这种不平等客观存在于人类社会,试图通过刑罚的适用消除贫富差距,既不现实且又会造成另外的不公。量刑中有意“忽略”人与人之间事实的不平等,既是直面现实的无奈,更是客观理性的结果,因为不管是对正义的理解还是正义的最终实现,都只能框定在一定的时空范围、特定的人际关系中来理解和审视;刑罚的分配和实施,也至多是在特定时空范围内实现犯罪人罪与刑的均衡,进而实现被害安抚,得到民众认同。量刑的个别化原理必定适用于赔偿的个别化。立足财富差距,划定不同行为人赔偿数额的差异,具体考虑赔偿数额的多寡给犯罪人带来的痛苦程度,对被害人被害恢复的程度,由此考察其报应程度和赔偿效度,都使“赔钱减刑”只可能在特定时空范围内表达“恶害相抵”。此时,不管被害人和加害人是富人还是穷人,如果适当的赔偿金额确有补偿被害人、减轻罪责的意义,出让刑罚仍在责任刑的意蕴之中,亦即“只要总的惩罚‘力’满足了所应得惩罚的量”③,就是对其犯罪的报应。何况,对正义的评价也并非一元视角,而是多元视角,参与方的视角和认可的正义应该是刑罚最重要的考量因素之一。

---

① 实际上,贫富差距并非法律造就的不平等,而是事实上的不平等,是由于既有的不平等造就了他们接受了法律处遇后呈现出了不同的结果,即使没有法律后果上的差异,该不平等也会在其他领域得以体现出来。由此,刑法追求的平等对待,至多是在法律层面,针对具体犯罪人的罪行,“罪刑均衡”地实现罪与刑的对应。

② 参见[英]哈特:《法律的概念》,许家馨、李冠宜译,法律出版社 2011 年版,第 157 页。

③ 保罗·H.罗宾逊:《刑法的分配原则——谁应受罚,如何量刑》,沙金丽译,中国人民大学出版社 2009 年版,第 163 页。

况且，尽其可能地满足被害人求偿诉求，安抚被害心理，可能部分甚至近乎完全修复法秩序，运用必要性原则节制适用刑罚，引导犯罪人与法律合作，具有超出单纯报应的功效。相对罚金、没收财产等宣告刑执行率极低的现状而言，犯罪人主动、积极赔偿的承担犯罪后果的方式，还会附随产生更具综合性的社会价值。从更开阔的视野看，犯罪的法律后果可以是综合后果，刑事责任的承担方式未必只有刑罚，除了单一、被动的刑事处罚外，更应鼓励具有民事性质的主动赔偿，甚至其他形式的社区服务，从赫梯法典的“赔命债”到明清律的“保辜”，赔偿与刑罚的运行如影随形，最终抵消罪行，就符合正义价值。

第四节　通过“赔钱减刑”回归“均衡”立场

报应情感既是人类与生俱来的朴素情感，报应犯罪具有道义基础和伦理根据，让犯罪人承受报应性惩罚便是民众对犯罪人处遇的正当期许。依循伦理与正义要求，需要对罪犯的刑罚之“害”与其犯罪之“恶”基本相当，让犯罪人承担过剩刑罚具有非伦理性。由此，在技术层面上，要实现公正的报应就必须追求恶与害的相当，进而在具体的刑罚分配上，要求等价配刑，以犯罪的恶害程度为基准，决定所分配的刑罚性质及轻重，最终实现罪与刑的价值对等，进而将罪刑均衡作为重要原则，在刑罚分配中始终追求和实现罪量与刑量的均衡和相当。“罪刑均衡”既是刑事法的基本原则，亦是民众均衡处罚的内心准则，因而，从原始社会的“同态复仇”伊始，到普适于当今的罪刑均衡原则，无不体现刑量与罪量之对应。尽管“同态复仇”由于其主体的私人性和手段的残酷性，是野蛮愚昧的代名词，但其内含的“复仇”与“同态”两层意思，在今天看来也不无意义，“复仇”在价值观上意味着对行为的否定性回应，“同态”则是对复仇手段的限制，将复仇的程度限定为与侵害同等部位、同等规模，将复仇的手段和规模控制在适当的程度，追求还击力度与侵害程度的尽可能相当①。

我国《刑法》第5条规定，刑罚的轻重应当与犯罪分子所犯罪行和承担的刑事责任相适应。作为确定与限定对被告人刑罚裁量的重要原则，强调了施于犯罪人的刑罚的轻重由犯罪人罪行的大小和人身危险程度决定。犯罪行为有害和行为人有责使报应犯罪具有正当性，刑罚通过“以刑抵罪”旨在表达“恶害相抵”的一般形式，而刑罚“以暴制暴”之特性一方面限定了“害”之施加必须是在不得已的场合，另一方面，为求公平，必然要求罪量和刑量相当，刑罚公正，但什么样的刑罚才是实质公正的呢？这个问题一直以来都是报应主义者面临的理论困惑，报应主义者的回答是只要与犯罪等价的刑罚即是公正，却始终未能提供可行性标准，最终，罪刑均衡地“以刑抵罪”终究是司法不懈追求的梦想。罪与刑能否量化，如何量化，进而能否均衡与相当，是其不得不面临的问题。犯罪行为具有多样性，犯罪因素具有多重性，此次犯罪的社会危害程度有多大，犯罪之“恶”有多重，给予他的刑罚有多痛都无法具体量化。“在一切情况下，罪行和惩罚都是不能相称的，从来没有也永远不可能发现衡量罪行的任何标准，在犯罪程度永远不能发现的情况下，要使受罪的程度与其相称是同样荒谬的”②。即使可以量化，在样态上也无法对等，要追求样态的对等，就又回到了“同态复仇”的原始状态，由此，要在文明时代实现有限的处罚方式对应复杂的犯罪形态不具有现实性。由于作为“因”的社会危害程度无法精确到一个确定的点，作为“果”的刑罚方式有限，最终，至多可

① 参见孙建保：《刑法中的社会危害性理论研究》，华东政法大学出版社2013年版，第137页。

② ［英］威廉·葛德文：《政治正义论》，何慕李译，商务印书馆1997年版，第539页。

以根据一般经验性体会，得出甲罪比乙罪更恶，甲种罚比乙种罚更重，因而甲罪对应甲罚，乙罪适用乙罚，以相应的刑罚标度表明这种依次关系，在轻重等级中实现对应，这就是罪刑的阶梯对应模式，这种对应注定只能是模糊和相对的。即使罪与刑的对应恰好偶然地被认为实现了均衡，这种均衡是谁心目中的均衡呢？事实证明，至多是立法者在立法预设时他心目中的均衡，是裁判法官具体裁量时，此时此刻认为的均衡，该均衡性判断必然具有主观性和片面性，依据该主观推断得出的结论并不一定符合客观实在。

在报应犯罪的语境下，针对具体被害人已然的犯罪侵害，犯罪人赔偿减轻了犯罪实害，安抚了被害心理，具有减少行为客观“恶”之意义；行为人在赔偿过程中表现出来的从对抗到忏悔、妥协、合作的心理和行为改变，减轻了行为人主观“恶”的评价，在责任主义框架下，依据罪刑均衡原则，允许犯罪“恶”之减轻换来刑罚量之减轻；赔偿具有的自“害”属性，实现了行为人的自我报应，犯罪人的自罚与刑罚的混成构成了惩罚的总和，在对应犯罪的惩罚中除去赔付部分，不是对罪刑均衡原则的违背，恰是践行该原则的应有结果，确认“赔钱减刑”之合理性在于表达和实现罪刑均衡①。从恢复性视角看，“赔钱减刑”突破了报应性司法下以强制性手段单方面剥夺犯罪人，以实现有限平衡的“恶害相抵”带来的弊端，弥补了传统司法单一报应之不足，转而追求通过以弥补和恢复被害利益的方式实现社会关系的修复，在犯罪人完成对被害人“补其所失”的基础上，进一步完成对他“罪刑均衡”的刑罚配置，这是一种更为良性的“正义”实现方式，理应得出因“赔偿”而出让刑罚空间的基本结论。

---

① 参见王利荣：《也是犯罪与责任相均衡——对附条件“犯罪赔偿”的价值分析》，《法律科学》2009 年第 4 期。

第三章 “赔钱减刑”的预防目标

从责任刑视角看,“赔钱减刑”司法实践针对犯罪实害降低,犯罪人罪责相应减轻的现实状态,以犯罪人赔偿“自罚”与从宽的刑罚合成惩罚总量,共同对应行为人的罪责程度,以此实现犯罪人罪与罚的均衡。然而,从犯罪预防视角看,针对已然的犯罪,不仅要惩治犯罪人,还复法律正义,更需要衡平各社会主体利益,实现社会秩序的协调。因为,从根本上讲,犯罪行为打破了旧有的平衡,造成了各利益主体关系的不协调,通过司法性程序的终极目标是重新均衡各主体利益,恢复被破坏的社会秩序。此处的均衡,基本含义应该是:立足各主体在犯罪行为中遭致的损害现实,及时回应各方主体的现实需要,通过重新均衡加害人与被害人利益,加害人、被害人与国家、社会公共利益的关系,恢复乃至重建被破坏的基本社会秩序。“赔钱减刑”的司法实践,放弃了对各种抽象理念的过度执着,从恢复性视角寻求犯罪问题的解决,以被害人利益保护为导向,关注了各方主体的实质需要,注重对社会现实利益的综合考量,其目的是既要公平、正义地惩罚犯罪,又要尽可能地衡平各方主体利益,修复被犯罪所破坏的社会秩序,以实现犯罪的良性预防。

第一节 犯罪人、被害人、社会利益与国家利益之再平衡

立足既有犯罪现象，寻找犯罪原因并结合犯罪发生机理探寻犯罪预防之策，是犯罪学的目标。刑法学和犯罪学既为不同学科，故而在关注重点、目标价值以及研究方法上均有各自的特殊性，但终极目的具有一致性，即有效控制和预防犯罪。从犯罪现象的产生、发展变化规律中去寻求犯罪预防和控制之道，无疑客观且理性，基于对犯罪客观规律认识基础上的刑事立法和刑事政策，也更具有合理性和实效性。

当前，学者对犯罪的研究多以承认犯罪不可避免为逻辑起点，注重对犯罪成因的多维立体透视，揭示政治经济状况、社区环境、文化传统与犯罪的关联。① 尤其强调社会对犯罪发动的突出影响，如德国著名刑法学家李斯特在其犯罪二元论中指出，犯罪原因在于社会和个人因素，其中社会因素居于主导地位②。赖特·米尔斯的观点是，社会结构常常是个人麻烦的最后根源③。凯特勒也曾说过，社会制造犯罪，犯罪人仅仅是社会制造犯罪的工具④。菲利的“犯罪饱和论”观点是，每一个社会都有其应有的犯罪，这些犯罪的产生由自然及社会条件引起，其质和量与每一个社

① 参见王利荣：《犯罪学理论研究的现实困境》，《西南师范大学学报》2005 年第 5 期。

② 参见[德]李斯特：《德国刑法教科书》，徐久生译，法律出版社 2000 年版，第 170 页。

③ 参见[美]赖特·米尔斯：《社会学的想象力》，陈强、张永强译，生活·读书·新知三联书店 2005 年版；转引自丛梅：《我国犯罪学本土化之重新犯罪社会成因分析》，《法治研究》2013 年第 9 期。

④ 转引自乔治·B.沃尔德：《理论犯罪学》，方鹏译，中国政法大学出版社 2005 年版，第 31 页。

会的发展相适应。①

犯罪本质上是一种社会违规现象，本身即是一种社会存在，且并非孤立的社会存在，与其他社会存在具有水乳交融的关系，它渗透于政治、经济、文化等社会领域，是对各种社会规则的违反，它的存在以及演变常常受制于该社会政治、经济、文化等状况，是诸多矛盾相互作用的结果。社会发展运动的基本矛盾决定了犯罪现象产生和存在的必然性。其一，社会发展阶段、社会经济发展水平、社会结构性紧张和制度缺陷等都可能直接诱发犯罪，以我国所处的社会主义初级阶段为例，一方面，伴随改革开放的不断深入，我国经济得以持续高速发展，另一方面，在开放的市场经济体制下，以国家为单一主体的合法控制力量趋于弱化，而新的、二元控制体系尚在形成中，社会配套建设没能较好地跟进经济发展，公共管理和服务不到位，甚至存在缺陷，导致社会控制力相对弱化；社会转型同时也引发了社会阶层结构的改变与贫富分化的不断加剧，伴随社会收入分配不均、干群矛盾突出等现实问题，为犯罪滋生提供了肥沃土壤，甚至成为某些犯罪发生的直接原因，促进了犯罪指数的攀升。其二，犯罪与社会文化冲突存在较大关系。文化冲突导致犯罪，是当代犯罪学理论的一个著名论断。美国犯罪学家塞林在其著作中论证了文化冲突的现实性及对人的思想和行为的影响，提出文化最终造成行为规范上的冲突，引发犯罪。② 因为文化在传播、渗透、消费过程中，常常受到不同文化性质的社会心理、群体意识、价值观念等的制约，当不同价值、文化遭遇到一起时，冲突往往不可避免，从而造成价值选择的迷茫，弱化犯罪的法律控制，促

① 参见[意]恩里科·菲利：《犯罪社会学》，郭建安译，中国人民公安大学出版社 2004 年版，第 18 页。

② 参见 Sellin J.T., *Culture Conflict and Crime*, NewYork: Social Science Councie, 1983, pp. 15-16.

成犯罪心理的形成，并导致行为规范的冲突，最终引发犯罪①。

有学者进一步认为，社会存在现实矛盾，犯罪是必然的，在“个体差异”及诸多适宜的外部条件综合作用下，部分不特定主体“被选择”实施了具体犯罪。从这个意义上讲，犯罪主体既是恶行的制造者，同时他们又是“被害者”和不幸的人。由此论证行为人罪过、责任及其惩罚应具有相对性，所受惩罚也应具有适当性和法定性②。笔者认为，虽然该论断有夸大行为人的“被决定”因素，忽视甚至无视了行为人的主观能动性，但值得肯定的是，该观点突出强调了社会因素对犯罪发动的积极意义，恰恰说明了社会对犯罪的产生负有不可推卸的责任，应承担对社会关系的修复责任以及对被害人与加害人的积极救助义务，对于帮助我们冷静和理智看待犯罪和犯罪人，宽和对待犯罪人，反思报应性司法之不足具有较大启示意义：刑事司法不应一味追求严惩和威慑罪犯、消灭犯罪，把刑罚建立在与主体互动、互悯的关系之上，强调对社会关系的修复应成为应对犯罪以及预防犯罪的基本策略。

正是在对报应性司法的反思与批判中，恢复性司法理念应运而生。“恢复性司法”一词最早出现在20世纪70年代后期，加拿大安大略省基奇纳的被害人—犯罪人调解程序之中；1989年，新西兰率先以立法形式肯定了恢复性司法处理模式。20世纪90年代以来，恢复性司法逐渐发展成为一门“显学”。恢复性司法的出发点是对犯罪本质的理解，强调犯罪主要是对个人权利的侵害，而非国家秩序的违反，犯罪带来的后果，不仅导致犯罪人与被害人之间产生隔阂与分裂，也使犯罪人和社区产生了隔阂，面对已然的犯罪损坏，重点是修复损害而非对犯罪人的惩罚。由

① 参见李锡海：《论犯罪发生的文化原因》，《法学论坛》2007年第2期。

② 参见张绍彦：《犯罪定义、原因与惩罚的关联分析》，《中国刑事法杂志》2008年第5期。

此,恢复性司法是一个强调以受害者为重心的刑法制度[①]。其要恢复的对象是被害人、犯罪人和社区,要恢复的内容则是财产损失、人身伤害、安全感、人格尊严以及和谐的社会关系。[②] 相比报应性司法而言,恢复性司法"以直抱怨"的犯罪处理方式,鼓励犯罪人真诚悔罪、主动承担责任,最终通过犯罪人与被害人的互动,寻求社会关系的恢复,以达到实质正义。

在有具体被害人的犯罪中,犯罪在形式上表现为对具体被害人的侵害,基于侵害行为的严重性,也构成了对国家利益的侵害和社会秩序的破坏。故而,这类犯罪中,被害人具有双层次性,侵害的法益包括国家抽象法益和个人具体法益,既破坏了犯罪人与被害人之间的关系,也破坏了个人与社会关系,以至于通常情况下犯罪发生以后,犯罪人与受害人之间的情绪和利益对立如此明确:往往需要犯罪人遭受严厉的惩罚,才能满足被害人的泄愤和报复心理;被害人物质损害的填补必然导致犯罪人财产的减少。刑事政策的任务在于消解这种社会冲突和对立,而消解的关键在于在犯罪人与被害人的冲突中寻找利益的平衡点。因而,刑事司法的功能不应局限于惩治犯罪,更应致力于重新衡平各利益主体关系。均衡利益、平衡关系对于犯罪恢复和犯罪预防具有重要意义,故而,哈特说,"习惯上,正义被认为是维护或重建平衡"。[③] "能否维护'平衡感'是评价刑法是否正义的主要基准之一。"[④]

虽然某些时候,行使国家追诉与主张被害补偿之间存在冲突,对国家整体利益的维护和被害人个人利益的关照之间存在冲突性,但是二者实

---

① 参见王平:《恢复性司法论坛》,群众出版社 2006 年版,第 6 页。

② John Braithwaite, "Restorative Justice: Assessing Optimistic and Pessimistic Accounts", *Crime and Justice*, vol.25, 1999, p.36.

③ [英]哈特:《法律的概念》,张文显等译,中国大百科全书出版社 1996 年版,第 6 页。

④ 邱兴隆:《关于惩罚的哲学:刑罚根据论》,法律出版社 2000 年版,第 58—59 页。

质上具有同一性。个体利益是社会整体利益的基本元素和组成单元，社会整体利益是对个体利益的抽象和整合，并往往通过具体利益的实现得以彰显和维护，尤其是市民社会背景下，被害人个体利益保护与国家、社会整体利益保护之间存在同质性，打击犯罪和救济被害虽然各自承载不同的价值理念，但如果以被害人为重点，关注如何减少和预防犯罪，以实现对现实及潜在被害人的保护，则国家和具体被害人的利益更具同质性。法律设立的目的可以是“平衡个人利益与社会利益，实现利己和利他的结合，从而建立起个人与社会的伙伴关系”。[①] 通过追求犯罪人与被害人利益的重新平衡，实现犯罪人、被害人与国家、社会整体利益的均衡，不仅是适应尊重人权、保护人权的现实需求，还有助于彰显国家对个体的人文关怀，并促成“以人为本”人文精神的回归。

然而，传统报应性司法中，犯罪人和国家之间的拟制冲突遮蔽了被害人和犯罪人之间的实际冲突，认为犯罪打乱了本来处于平衡状态的利益关系，而通过刑罚施于犯罪人，使不平衡的利益关系重归平衡[②]。事实上，通过国家追诉犯罪人，实难真正重新衡平各主体之间的利益与关系。首先，报应性司法以剥夺犯罪人利益，而非补偿被害人的方式来衡平各方利益与关系，但“惩罚在任何原始意义上都不恢复被错误行为所破坏的社会利益的公平分配”。[③] 其结果就是，被害人看到的只是犯罪人的利益也被公权力机关剥夺了，而犯罪人实际偿还给被害人与社会的则极为有限。其次，不管国家刑事政策上对犯罪追究是宽是严，国家意愿终究无法完全代表被害人个人意愿，国家追诉也不能完全满足被害人诉求。从该

① 张文显：《二十世纪西方法哲学思潮研究》，法律出版社 1996 年版，第 129 页。

② 参见邱兴隆：《报应刑的价值悖论——以社会秩序、正义与个人自由为视角》，《政法论坛》2001 年第 2 期。

③ ［美］安德鲁·冯·赫希：《已然之罪还是未然之罪》，邱兴隆等译，中国检察出版社 2001 年版，第 65 页。

意义上讲,国家篡夺了受害人向加害人寻求修复和补偿的权利,受害人的意愿湮没在了国家公共利益之中,现实生活中,这恰恰是很多导致刑事司法判决无法实现“案结事了”的症结所在。面对利益失衡的天平两端,不是通过增加被害人和社会一端的利益,而是靠减少犯罪人一端的利益实现重新平衡,这样一种“害害相抵”实现的只能是“有限平衡”,是更低水平上的平衡,是在各方利益都受损基础上实现的平衡,最终导致的是社会整体利益水平下降。并且,由于诉讼过程是对抗性的,这种对抗性和强制性的司法过程,即使暂时解决了纠纷,却毫无例外地击碎了当事人试图和平解决冲突的愿望,可能使加害和被害冲突关系升级,为未来的人际关系埋下隐患,最终的结果往往是徒增伤害。

亚里士多德说过,杀人者、打人者与被杀者、被打者之间的利益分际不均,刑罚目的在于剥夺前者之所得而补后者之所失,从而使利益分际均等。① 故而,为有效修复被犯罪所侵害的利益关系,有益的措施是在对犯罪人“夺其所得”的同时,实现对被害人“补其所失”,在社会整体利益总量不变的情况下,重新分配犯罪人、被害人、国家和社会利益,进而修复被犯罪破坏的社会关系。

“赔钱减刑”作为恢复性司法的有益践行,摒弃了消极的、为惩罚而惩罚的做法,转向寻求一种更加积极的方法以实现犯罪恢复,在一定程度上打破了原有的犯罪人与被害人的对立模型,有助于减轻国家负担并激励犯罪人积极满足被害人的“求偿”愿望,最终实现各主体利益关系的重新衡平。其具体表现是:第一步,通过合理的犯罪赔偿程序,补偿被害人因犯罪而遭受的损失,恢复被害人被损害的利益。第二步,在犯罪人赔偿承受“自罚”的基础上,通过对犯罪人的合理量刑,既实现对犯罪人的均

① 参见邱兴隆:《报应刑的价值悖论——以社会秩序、正义与个人自由为视角》,《政法论坛》2001 年第 2 期。

衡罪刑，并以合理公正的刑罚裁量强化国家威信，捍卫社会利益。第三步，伴随犯罪人与被害人各方利益的合理满足与社会关系的修复，国家与社会整体利益得以实现和提升。这是一种修复的平衡，在追求修复式正义的过程中，充分强调满足以被害人为中心的冲突各方的需要，尊重社会和当事人个人在纠纷处理中的自治权。从博弈论角度看，“赔钱减刑”实际上是一种对策性方法，本质上则是一项合作协议。博弈论中的“非零和博弈”强调冲突各方进行激烈的、不退让的抗争无益，而要“合作占优”，“赔钱减刑”让利益关系主体从对抗走向合作，实现一定程度上的利益共赢。一方面，犯罪人可以通过履行赔偿获得刑罚从宽的“利益”；另一方面，被害人通过犯罪人赔偿满足了“求偿”愿望，并通过犯罪人的道歉，以及对犯罪人的谅解实现了精神收益，通过参与各方一定程度妥协与同意，最终实现了“案结事了”。根据帕累托改进理论，任何一种变化，在没有使其他人的境况变坏的前提下，使至少一个人境况变得更好，当这种变化达到最优时，就达到了帕累托最优，帕累托最优是公平与效率的“理想王国”。①

第二节　以赔偿实现被害恢复

犯罪学上的被害人是指“因犯罪侵害而使人身或财物遭受损失的人”②，或“犯罪行为所造成的危害结果的承受者”。③ 联合国1985年11

① 参见李志雄：《刑罚与赔偿易之博弈论衡》，《广西警官高等专科学校学报》2014年第1期。

② 康树华：《犯罪学通论》，北京大学出版社1992年版，第547页。

③ 储槐植：《犯罪学》，法律出版社1997年版，第120页。

月 29 日通过的《罪行和滥用权力行为受害者司法基本原则宣言》(*Declaration of basic principles relating to victims of crime and relating to victims of abuse of power*)指出,犯罪被害人是指个别或集体因违反会员国现行刑法或禁止滥用职权犯罪之法律的作为或不作为,而受生理或心理、情绪上之伤害或经济之损失或基本权利上之重大损害之人。学者一般认为,刑事法上的被害人,是指遭到犯罪侵害的主体,被害人的主体不限于自然人,可以包括法人①。

一、犯罪:加害与被害互动

犯罪的发生离不开一定的时空环境,也即犯罪总是在特定时空条件下发生的。大量案例显示,犯罪人并非生活于真空,加害与被害具有一体两面的关系,犯罪人与被害人虽然利害相反,却互相关联。犯罪不是犯罪人的“独角戏”,而是犯罪人与被害人互动的“二人转”。② 1941 年德国犯罪学家汉斯·范·亨蒂提出,被害人在犯罪和预防犯罪的过程中,不只是一个被动客体,而是一个积极主体。③ 被害人作为犯罪具体损害的承载者,有时却会推动犯罪原因的形成,进而促使犯罪的现实发生。有学者进一步将被害人对犯罪的作用细分为六种类型:诱发、促进、挑衅和促成、加害、合作、鼓励。④ 根据性质的不同,这些因素还可区分为合法行为和失范行为。合法行为如貌美女性半夜行走在偏僻小巷,或者在公众场合暴

① 参见解源源、胡莲芳:《我国被害人刑事法治程序研究现状及其评价》,《武汉理工大学学报(社会科学版)》2014 年第 4 期。

② 参见刘军:《事实与规范之间的被害人过错》,《法学论坛》2008 年第 5 期。

③ 参见[德]汉斯·约阿希德·施奈德:《国际范围内的被害人》,许章润等译,中国人民公安大学出版社 1992 年版,第 419 页。

④ 参见郭建安:《犯罪被害人学》,北京大学出版社 1997 年版,第 157—166 页。

露随身携带的大量现金;失范行为如故意的言语刺激、侮辱或行为挑衅等,被害人的言语、行为、情绪等在一定条件下会诱发、激起、加剧犯罪的发生。事实上,上述六个因素侧重强调了被害人促进犯罪发生的人为因素,与被害人人为因素对应的是被害人客观存在的先天因素,不排除一些先天因素对犯罪的发生同样具有推动作用,如财富、美貌、地位等,这些因素被犯罪人单方面发现或是二者的交互影响,刺激、诱发、推动和促进犯罪动机的形成。①

理性看待被害与加害二者的互动关系,直面被害人的客观存在以及在促成、推动犯罪中的积极作用,至少有以下三方面的意义:(1)证实具体犯罪人的存在,客观看待被害人遭受到的重大损失,并致力于保障和救济被害人,既可有效实现被害人的利益保护,也有利于被害情绪的安抚,进而实现犯罪预防②。(2)有助于准确确定犯罪人的刑事责任及大小。犯罪是犯罪人与被害人相互作用的结果,作为犯罪互动中的一方,被害人在犯罪过程中的作用,应该影响对犯罪人刑事责任有无及大小的评价。忽略对被害人作用的评价,容易曲解犯罪发生的事实,过高估计犯罪行为的危害性和犯罪人的人身危险程度;加入对被害人因素的客观考量,犯罪人对其犯罪行为虽仍负有不可推卸的责任和过错,但犯罪人的加害行为或许就会变得不那么"不可饶恕",甚至犯罪人也将变得不那么"面目狰狞",故而,面对行为人积极的合作和妥协行为,刑事法和民众应该做出回应。(3)既然犯罪是犯罪人与被害人之间的互动过程,互动的结果是打破了旧有的平衡,造成了被害人利益受损。为此,不仅需要国家针对已

① 参见张旭、单勇:《犯罪学研究范式论纲》,《法学评论》2005年第4期。

② 相反,如果忽视被害人,对被害人的诉求和愿望不予以尊重和满足,则势必会造成被害人及其亲人甚至其他社会成员对司法制度的不信任,甚至引发被害人对罪犯和社会的极大不满,进而产生报复情绪。现实中,被害人由于没有得到公正待遇而对司法失去信心进而采取报复社会或者加害人的案件并不鲜见。

然的犯罪惩治犯罪人，也需要通过具体措施，恢复、救济现实被害人，均衡犯罪人与被害人利益，协调和恢复加害与被害关系是良性防控犯罪的有效措施。

二、被害人的基本诉求及司法保障之历史与现状

被害人作为“一件件具体纠纷解决，一个个具体请求的满足，一次次具体悲欢离合”的承受者，①其基本诉求的有效满足应该成为司法过程的重要目标。然而，公诉案件往往强调社会普遍利益的维护，强调由公诉机关代表被害人的要求，或多或少忽视了社会利益的多元化和矛盾性，忽略了被害人的独特需求。② 事实上，个体利益千差万别，并不能被社会整体利益所代表，在国家整体利益之外，犯罪被害人还具有独立性和多元性的个人诉求。

（一）被害人的基本诉求

1. 报应犯罪人

报应是人类本性中一种根深蒂固的天然感情，作为一种真实的朴素情感，认为理性人应当对自己的行为承担后果，既应对其做出的正确选择得到奖励，也应为其错误选择遭受惩罚。作为犯罪的直接被害人及其家属，面对犯罪人，直观和本能的反应通常是憎恶，进而“真心”希望他得到惩罚，以发泄内心的仇恨和满腔的委屈，这是一种原发性的报复性情感，是人与生俱来且不容易泯灭的一种先天性倾向。因此，从内心深处讲，被

① 参见苏力：《法律与文学》，生活·读书·新知三联书店2006年版，第117页。
② 参见龙宗智：《相对合理主义》，中国政法大学出版社1999年版，第56页。

害人一般希望被告受到较重的刑罚处遇，彰显出“追究性”复仇意愿[①]。该“追究性”复仇情感发端于加害人的侵害行为，有正当性和伦理性，这种情感理应得到满足和释放，诚如斯蒂所说，“仇恨的感情和复仇的愿望是人类本质中最重要的方面，它们应该通过公开的规则和合法的方式得以满足”[②]。对罪犯的惩罚具有满足该报应性情感的作用，进而满足报应，安抚被害成为对犯罪人发动刑罚的重要依据，对此，苏力教授也曾断言“司法制度的基础动力就是人们的复仇本能”。[③] 虽然大多数被害人的情感属于“追究性”的，但也有少数被害人希望被告得到从轻的刑罚处遇，此谓“消解性”复仇意愿。之所以产生消解性复仇意愿，可能源于犯罪人较轻的犯罪情节，或者某些积极补偿行为与悔罪表现，部分化解了被害心中的仇恨情绪。

2. 获得物质补偿

在刑事诉讼的二元结构模式下，被害人的个人利益被公诉机关所代表的公共利益所裹挟，其诉讼主张被国家所代表，个人的求偿诉求及意愿表达湮没在形式化的诉讼程序中，以至于我们往往认为通过对加害人处以刑罚的方式就实现了对被害人的满足和心理创伤的安抚。最终却发现，传统报应性司法虽完成了犯罪惩罚，却难以实现“案结事了”，究其原因，是因为被害人的诉求没能得到真正满足，甚至很多时候连表达诉求都缺乏场合和倾听对象。公权力机关只是以一种自认为的方式附带安慰了被害人，这在被害人看来，往往是极其空洞并缺乏现实意义的。大多数情况是，被害人受到的身体与精神伤害，并不会因为加害人被处以刑罚而真正平复，很多时候他们需要的是实实在在的关切和具体利益的满足。

---

① 参见李贵扬：《论被害人量刑意见》，《当代法学》2012 年第 6 期。

② ［英］H.L.A.哈特：《法律、自由与道德》，支振锋译，法律出版社 2006 年版，第 61 页。

③ 苏力：《法律与文学》，生活·读书·新知三联书店 2006 年版，第 44 页。

根据马斯洛的需要层次理论,人的需要具有层次性,由低到高分别为:生理需要、安全需要、社会交往需要、尊重需要和自我实现的需要。实践证明,越是处在社会较底层的人群,迫于现实生活的需要,越注重生存和物质需要的满足。同理,对于大多数受害者及其家属来说,获得赔偿的需求是强烈的,因为,他们迫切需要通过加害人的赔偿减轻因为犯罪遭受到的实际损害,改变因犯罪造成的窘迫生活,这一需求甚至强烈到他们往往无暇顾及精神层面的满足,在这一需求的驱动下,他们更渴望获得物质性补偿而非虚幻的精神慰藉。除此之外,他们还迫切需要事实陈述、信息沟通以及在案件处理中得到充分尊重和赋权。被害人往往有这样的疑问:为什么加害行为会发生在自己身上?他们需要有人倾听他们所遭受的痛苦,需要加害人能对他们的事实陈述有所回应。这是一种叙说的需要,通过这样一个过程,他们可以发泄内心的愤怒和不满,能帮助他们及时平复情绪。当然,如果能够在司法程序中被充分尊重,他们的意见可以被充分听取,甚至可以亲身参与司法程序,某些时候还可以自己"说了算",这样的参与过程和被赋权的感受对被害恢复也是极其重要的。

(二)被害人权益保障的历史进程

被害人在刑事诉讼过程中的地位和话语权应得到足够重视,但是在人类历史长河中,被害人的地位经历了极大的变化过程。从世界范围看,对被害人地位的认识过程伴随犯罪本质的认识而变化,对犯罪本质的认识过程,大致经历了三个阶段:强调犯罪是对个人的侵害—强调犯罪是对国家的侵害—重新强调犯罪是对个人法益的侵害。与此相对应,在对待犯罪被害人的态度上和被害人地位也经历了漫长的历史过程:原始社会,不管是同一部落、氏族内部的血亲复仇,还是非同一部落、氏族的血族复仇,都是以争端中的被害人及其亲属的要求为中心,甚至到了奴隶社会,被害人都处于绝对的强势地位,掌控着刑事诉讼的开始、发展与结束。①但伴随社会发展和国家组织机构的日臻完善和细化,民事与刑事程序出现分离,刑事诉讼只负责追究犯罪人的刑事责任,被害人的赔偿请求则通过民事诉讼来实现。并且,随着国家主体地位日益突出,在犯罪认识上也逐渐发生变化,认为犯罪是对整个国家和社会的侵害,对国家利益的侵害成为追究犯罪的原因,国家由此成为犯罪追诉的主体,犯罪给被害人带来的痛苦只是国家对犯罪发动刑罚权的一个理由和契机。在此背景下,公诉制度得以确立,公诉人在诉讼程序中代表国家对犯罪人进行追诉,除少数轻微犯罪行为仍保留被害人自诉权之外,国家垄断了绝大部分案件的诉讼权和犯罪人的惩罚权,被害人被简化为诉讼中的证人,赔偿也成为附带性问题,并逐渐淡出刑法学者的视野。直到 20 世纪,尤其是第二次世界大战以后,该理念和做法不断招致批判,越来越多的学者主张强调对被害人的权利保障。1941 年德国犯罪学家汉斯·范·亨蒂的《论罪犯与被害人的相互关系》一文,开辟了一个新的研究领域——被害人学。20 世纪后期,被害人地位在许多国家刑事法律中日益受到重视,刑事司法过程除了追求对犯罪人的公正之外,也开始兼被害人的权益②。

故而,被害人在刑事司法中经历了作为刑罚执行者—作为犯罪起诉者—逐渐受遗忘的被害者—再度受重视之被害者的角色变迁。③ 这是在对犯罪本质的正确认识基础上,对传统报应性司法中隐化被害人和简单强调惩处犯罪的检视的结果;是对被害急需关切却恰又被忽视的现实地位的反思与矫正;是在注重人权保障的时代背景下,在刑事司法程序中重

① 参见蒋秀兰、赖晨野、刘玉贤:《刑事被害人在公诉案件中的庭审地位分析》,《新疆大学学报(哲社版)》2013 年第 5 期。

② 参见田崇杰:《"赚钱减刑"现状分析——以损害赔偿与刑罚关系为研究对象》,硕士学位论文,吉林大学,2009 年,第 17 页。

③ 参见黄富源、张平吾:《被害者学新论》,台湾铭传大学出版社 2008 年版,第 1—4 页。

新设定被害人话语权的应有结果，凸显了政治刑法向市民刑法的时代转变。

（三）我国被害人现实保障之不足

遭受法益侵害的被害人获得赔偿具备法理和情理上的正当性，帮助受到损害的被害人实现“求偿”是司法功能的题中应有之义。然而，在我国现有司法模式下，被害人却往往不受重视，被害人获得补偿与救济面临现实困境。

1. 刑事诉讼中隐化被害人的现实状况

现代刑事诉讼制度建立以后，犯罪被认为是对国家、社会造成现实危害的不法行为，犯罪人因为其犯罪行为，使他与国家产生了刑事法律关系，国家由此具有了对犯罪人的起诉和惩罚权力，犯罪人承担的刑事责任，其实质是犯罪人对国家的义务，被害人则被排除在这一权利义务关系之外①。由此奠定了控、辩、审的三方结构模式，被害人一般以控方证人的方式参与诉讼，其特殊诉求湮没于检察官的控诉之下，他们不是诉讼中的“一极”，没有独立的诉讼角色②。这导致被害人的权利长期处于制度性的被忽视和被遗忘状态，甚至在不断的交叉询问中还可能遭受“二次伤害”。在对犯罪人的定罪量刑中，首先考虑的利益主体是国家和社会，目的是为了维护一种抽象的利益与秩序，手段是用刑罚惩罚犯罪人。自由刑、生命刑虽能起到对犯罪人惩戒、威慑甚至教化的作用，并附随一般犯罪预防效果，却无法实现对被害的救济；罚金、没收财产等虽是财产刑，但所剥夺财产直接收归国库，并不直接用以救济直接被害人，亦无直接填

① 参见张旭：《被害在犯罪学体系中的地位：分析与探究》，《当代法学》2013 年第 5 期。

② 参见吴四江：《锥形结构：被害人之当事人地位的实现模式》，《政治与法律》2012 年第 10 期。

补损失的功效。甚至,就算目前越来越多的刑事法实践中考虑了赔偿因素,但是诸多司法解释和学者观点也大多从预防刑角度出发,最终,不管是学界的一般认识还是司法实践的基本出发点,都只是将犯罪人赔偿作为犯罪人悔罪态度予以适用,体现的仍然是国家公权力—加害人的单一视角,折射出来的还是被害人在刑事法中被忽略的现实。

因此,在当前对抗性司法模式下,"制度性的无视"被害人在刑事司法中的存在,明显忽视了被害人的真正需求,导致在该模式下,被害人想要的和所得之间往往存在较大差距。由于没有顾及冲突各方的情感状态以及冲突处理可能引发的其他社会结果,其结果就是,国家裁决的作出乃至裁决内容被强制执行,并不完全等同于纠纷主体冲突的消弭,在某些情况下,原本的冲突还会因为国家、社会强制力的介入而被进一步激化。

2. 刑事附带民事诉讼之"空判"现实

我国《刑事诉讼法》第 99 条规定了被害人由于犯罪行为而遭受物质损失的,有权在刑事诉讼过程中提起附带民事诉讼。《刑法》第 36 条关于"判决赔偿"的规定,也在实体法立法层面确认了被害人有提起刑事附带民事诉讼的权利。

立法上之所以规定附带民事诉讼,根据蔡墩铭教授的观点,是因为同一犯罪行为具备两种不同行为性质,在公法上属于得科刑罚之行为,在私法上属于侵权行为。前者产生刑事责任,后者引发民事责任。两种责任因同一行为而生,为免程序之繁复、时间与费用之消耗,使其适用于同一程序,以期同时解决,于公于私,皆无裨益①。应该说,刑事附带民事诉讼的制度设计是美好的,赔偿依据也是合理的。然而,实践中,刑附民制度所追求的既要被告人承担刑事责任,又要及时完成民事赔偿的目标事实

① 参见蔡墩铭:《刑事诉讼法概要》,(中国台湾)三民书局股份有限公司 1998 年版,第 326 页。

上却难以实现，存在的问题主要包括：民事赔偿范围的规定过于狭窄，导致精神损害等获得民事赔偿的立法依据不充分；因为赔偿主体的特殊性，缺乏内部和外部激励等制约因素，使刑附民案件的判决执行面临诸多困境。故而，实践中常有“执行难，刑事案件附带民事案件的执行更是难上加难”的说法。

首先，刑事附带民事诉讼的赔偿请求范围过窄。一般来讲，被害人在刑事犯罪中遭受的侵害可能包括物质性损害、人身损害以及精神性损害，精神损害可能来自于对被害人人格权的侵害产生，也可能由于被害人物质或人身损害对其本人或家属精神上带来的诸多伤害。按照立法规定，物质损害可以请求民事赔偿，理论上讲，根据现行法律规定，这部分求偿可以得到实现。近几年司法实践和刑事法理论中，争议较大的问题是，被害人可否在附带民事诉讼中要求精神损害赔偿。对此，理论界普遍支持精神损害赔偿，如有学者从公民权利保障和国家法制统一要求视角提出建立刑事附带精神损害赔偿制度的必要性。① 但是，根据《刑法》第 36 条、《刑事诉讼法》第 99 条、最高人民法院 2000 年通过的《关于刑事附带民事诉讼范围问题的规定》第 1 条第 2 款之规定以及 2002 年最高人民法院《关于人民法院是否受理刑事案件被害人提起精神损害赔偿民事诉讼的问题的批复》的规定，被害人能够提起刑事附带民事诉讼的，仅限于物质损害，由于犯罪行为所遭受的精神损害是无权要求民事赔偿的。

缘何立法和司法均否认精神损害求偿权？一般认为原因在于：其一，刑罚具有心理安抚功能，对罪犯科处刑罚，就是对受害人及其亲属最好的精神抚慰。其二，由于被害人在犯罪中遭致的精神损害到底有多大，既有个体差异，在量上也难以具体测量，导致审查认定困难重重，如果允许被

① 参见甄贞、李美蓉：《关于我国刑事附带精神损害赔偿制度的构建》，《法学杂志》2010 年第 2 期。

害人提起精神损害赔偿,将导致审判上的困难,进而降低刑事审判效率。其三,由于许多犯罪人缺乏赔偿能力,判令其精神损害赔偿,将扩大其赔偿范围,导致更大的"执行难"①。其四,一般情况下,所有有具体被害人的犯罪,不管是基于物质的损害结果,还是人身伤害事实,抑或直接针对人格与精神的损害,都会不同程度地引起被害人的精神损害,如果支持被害人精神损害赔偿的主张,则预示着所有有具体被害人的犯罪都能提起附带民事诉讼,这显然不符合立法原意。② 或许正是基于上述理由,刑事立法和司法长期以来并不支持被害人在附带民事诉讼中的精神损害赔偿主张。

其次,被害人请求直接物质损害赔偿,虽有立法确认,但实践中常常出现"白条"情况。根据各地法院的调研数据可以发现,现实中刑事附带民事诉讼执行率极低已是公认的现实结论。如据广东东莞市中级人民法院的统计,东莞市 2003 年到 2006 年间,附带民事判决的执行到位率最高的 2005 年为 3.16%,最低的 2006 年仅为 0.77%。③ 被害人得不到赔偿,附带民事诉讼成为"空判",原因复杂多样,现实的原因在于,大部分犯罪人因为经济困难,个人无力负担被害赔偿,就算可以强制执行,基于责任自负原则,强制执行的也只能是犯罪人的个人财产,加之财产转移等问题的存在,附带民事诉讼的执行常常是空手而归。其本质的原因在于"罚了不赔,赔了不罚"的一般性认识支撑着理性被告人的现实行为,加之,诉讼程序上的"先刑后民",民事赔偿与刑罚的双重责任,罚归罚、赔归赔的平行关系,即使积极的民事赔偿也难以获得刑罚上的从轻,甚至作为刑

① 参见林智远:《反思与建构:刑事附带民事诉讼精神损害赔偿研究》,《福建法学》2009 年第 2 期。

② 参见熊选国:《关于刑事附带民事诉讼范围问题的规定的理解与适用》,《刑事审判参考》2001 年第 4 期。

③ 参见范向阳:《附带民事判决执行问题及出路》,《法制资讯》2008 年第 9 期。

事判决后的程序，不对刑事判决产生任何积极意义时，对“利我算计”的加害人而言，拒绝赔偿便“合乎情理”。既然无力赔偿，且就算千方百计创造条件完成了对被害人的赔偿，也不会给犯罪人带来实质性利益，所以，就算判决书明确规定犯罪人应当赔偿被害人，但由于犯罪赔偿不具有如自由刑一般的强制性，这种应然状态由于缺乏实际推动力，往往造就了实然状态下不履行成为常态，最终不仅被害人的合法权益在现行制度下无法得到有效维护，也使法律权威受到了极大损害。①

3. 国家补偿制度缺失

由上，无论是附带民事诉讼的“判决赔偿”还是刑罚中的罚金抑或没收财产，都无法满足被害人民事救济的需求，这为建立刑事被害人国家救助制度提出了现实动力。

理论根据而言，因为国家负有保护人民的义务，且享有刑罚之独占权，便具有维护安全、防止犯罪发生之责任。因而，国家如若未能善尽其防止犯罪发生之责任，自应对被害人所受之损害担负起适当补偿之责任，以弥补其未能尽保护周全之责。另外，社会福利理论、危险分散论等理论都为设立国家补偿制度提供了理论基础。

国际上对犯罪被害人保护的思想盛行于第二次世界大战以后，当时，许多国家因为认识到被害人的基本需求无法获得有效满足，萌发了建立被害人国家补偿制度的想法。美国联邦政府建立补偿制度的努力始于1964 年，1984 年通过的《刑事被害人法》最终确立了联邦补偿制度，被害人补偿制度不久便迅速从美国发展到其他国家和地区。20 世纪 70 年代左右，世界上许多国家和地区建立了被害人补偿制度，如瑞典 1971 年的《刑事损害补偿法》、奥地利 1972 年的《刑事被害人救助法》、丹麦 1976

① 参见付小容：《刑事损害赔偿影响量刑的法理分析》，《暨南学报（社会科学版）》2013 年第 10 期。

年的《刑事被害人国家补偿法》、德国1976年的《暴力犯罪被害人补偿法》。日本1980年通过《犯罪被害人等给付金支付办法》,并于2001年修订了该法;韩国于1987年制定了《犯罪被害者救助法》;我国香港地区于1973年率先建立了被害人补偿制度,并于1996年制定了《被害人宪章》;我国台湾地区也于1998年开始施行《犯罪被害人保护法》。①

目前我国大陆地区法学界达成的共识是,应尽快推动建立我国刑事被害人国家救助制度。实务界而言,尽管从2004年开始我国就开始了刑事被害人国家救助制度的尝试,最高人民法院也于2007年提出将研究、建立犯罪被害人国家救助制度作为一项重要任务,随后,许多省市进行了形式多样的尝试,但时至今日仍处于试点和调研阶段。② 立法和司法上的滞后,导致犯罪被害人无法通过法律途径寻求国家给予稳定和可预期的补偿,以改变因犯罪行为陷入的经济困境。因此,当前我国刑事被害人想要获得来自犯罪人以外的补偿,途径通常只有两个:一是通过民政部门的救助来解决;二是通过社会捐助和相应的救助基金来解决③。但是,这两种办法由于没有相应的制度保障,具有偶然性和个别化特征,并且,面对庞大的需要救助的被害人群,国家救助终究"杯水车薪",导致大多数刑事被害人得不到补偿或者补偿很少的结果。

"法律的发展不是完全来自自身逻辑的演绎,而主要来自现实生活的需要。"④所以,目前阶段,推行"赔钱减刑",除了符合其价值根据外,还附带现实意义,即在国家补偿制度缺位、附带民事诉讼判决执行不力的

① 参见许福生:《台湾犯罪被害人保护法之回顾与展望——以2009年扩大保护性侵害被害人为例》,《亚洲家庭暴力与性侵害期刊》2010年第6期。

② 参见韩红兴:《论我国犯罪被害人国家补偿制度的构建》,《中国人民公安大学学报(社会科学版)》2012年第2期。

③ 参见顾敏康:《保护被害人权利:刑事司法改革的新里程》,《法学》2007年第6期。

④ 魏汉涛:《"个人解除刑罚事由"制度探究》,《法商研究》2014年第4期。

情况下，为有效救助被害人，在一定范围内，在犯罪人认罪妥协与积极合作的前提下，利用国家刑罚权的部分退缩和让步来换取犯罪人对被害人的积极赔偿。由于在犯罪赔偿与刑罚从轻之间建立了关联，赔偿可换来刑罚的轻缓，可以极大地调动犯罪人及其亲属的赔偿积极性，创造条件，把不能赔偿变成能够赔偿，不愿赔偿也会变成主动积极赔偿。于法理上而言，让被告人通过刑民混成的方式完成了责任的承担，因为法律责任总量不变，既由此实现刑罚的轻缓，也不会损害法律的一般威慑效果，实际效果就是尽量弥补被害人的损害，实现被害恢复。

三、以赔偿方式补偿被害人的物质损害

区别于传统刑事诉讼中对被害人利益的忽视和主体地位的不尊重的现实，犯罪人赔偿是针对被害人在犯罪中遭受到的损失给予的物质性赔偿，赔偿的对象既有财产性损害，也包含了人身性损害和精神损害。很多时候，被害人获得赔偿的情况将直接影响被害人及其家庭的恢复程度。

由于犯罪人赔偿对于物质损害降低的直观影响显而易见，且在“赔钱减刑”的责任根据一章已进行过详细论述，在此不做赘述。本部分，着重从被害人角度，简单重申如下事实：在针对具体个人实施的犯罪中，犯罪既可能侵害了被害人的物质性利益，也可能侵害到了犯罪人的人身权利，突出的危害在于造成了客观的物质性损毁或身心伤害。对于被害人而言，如果犯罪人愿意积极修复或补偿犯罪造成的物质性损毁，其结果就是，通过修复，不再有事实上的物质损毁，或者通过犯罪人同质性的或者等量的物质补偿完成了对已然犯罪损害的补偿。因为大多数案件中，损害的仅仅是作为种类物的物质性利益，由于不具有特定物所具有的独一无二性，事实上这类损害是可能通过事后补救得以恢复的。对于人身权

利类损害而言,既已造成的身体和精神损害,虽然很难通过物质性利益的给付得以恢复,但是,以支付货币为主要形式的赔偿,可以帮助被害人及时有效地实现积极的医疗救助等,这对于被害人身心健康的恢复具有重要作用,避免被害人陷入“人财两空”的窘迫地位。即使对于丧失生命等无法逆转性的结果而言,财产性给付虽无法实现对已然损害的恢复,作为不得已的次优选择,可以把这类赔偿当作是犯罪人对被害家属适当精神安抚以及丧失预期利益的补偿。只是,在该类案件中,犯罪赔偿作用力的大小需要在具体案件中具体衡量,但不能由此否认犯罪人赔偿具有降低被害人直接损害和间接损害的积极意义。

四、以赔偿方式安抚被害人的心理伤害

安抚被害心理的效用本身为报应所涵摄,因而是清晰个人责任范围须讨论的内容。但是,被害人及家属因加害人行为引发的诸如愤怒、悲伤、焦虑、恐惧、羞辱、绝望等精神和心理痛苦能否因犯罪人赔偿得以慰藉和安抚,进而减轻犯罪造成的精神性痛苦?该问题的确难以抽象应答,我们可以尝试着从被害人的基本需求出发,判断犯罪赔偿能否具有满足被害需求,进而研判赔偿究竟有无安抚被害心理的效用。前已述及,一般来讲,对于犯罪被害人及其家属而言,寻求救济无非为了满足两个需要:其一,看到犯罪分子被绳之以法,实现“恶有恶报”的报复性精神满足;其二,获得一定的物质赔偿,以弥补由于犯罪行为造成的物质损害和精神伤害。但是,传统刑事法的形式正义理念将被害人抽象化,认为惩罚犯罪人就等同于实现正义,进而等同于保障和满足了被害人,事实却是被害人只是看到或者听说加害人的不当利益也被剥夺了,从该结局中他们能获得什么呢?他们获得的至多是一种模糊的、抽象的正义感受。对于因犯罪

遭受诸如家庭被毁、身体残疾、无法负担巨额医疗费等的受害者及其家属来说,这种正义是虚幻的、遥远和不真实的,很多时候,基于现实的生存和生活需要,与报应犯罪人的情感需求相比,获得实际赔偿的需求远胜过虚幻的精神满足,他们迫切需要通过加害人的实际赔偿改变因犯罪造成的窘迫生活。另一部分被害人,即使对赔偿金的需求不那么迫切,但是希望从加害人的赔偿行为以及伴随赔偿给付过程的认罪和道歉中得到尊重与赋权,在赔偿过程中感受到主体价值①。

很多时候,哪怕只有加害人一句真诚的道歉,都能起到抚慰被害人及其家属受害心理,进而起到降低被害感的作用,这种微妙的虽无科学理论可解释的心理变化,正是人心的奇特之处,赔偿对心理的安抚的效用则更为明显。

(一)以赔偿方式满足被害人的实质需要

在当前的司法模式下,通过刑事司法让犯罪人“恶有恶报”具有消解被害人报应情绪、安抚被害人心理的作用,但往往并无改变既成被害状态的现实意义,带给被害人的也至多是些虚幻的精神满足,无法全面满足被害人的需求。而犯罪人的主动赔偿,直接效果是直面被害人的直接和间接损失,在不需要强制力的情况下,积极迅速地完成差额、足额甚至超额的赔偿,以满足被害人的物质求偿。由于该赔偿行为,完成了物质性犯罪实害的减轻或者完全恢复,从哲学角度看,物质和精神虽然被定义为是不同层次的范畴,但两者具有密切关系。实践证明,很多情况下人的精神愉悦与否与其获得的物质丰裕与否往往存在正比关系,伴随物质损害的恢复,具有精神满足的作用。何况,赔偿还仅仅具有减轻刑罚之意义,赔偿

① 被尊重的感受对于被害心理的安抚至关重要,而被害人被尊重的愿望在传统刑事司法过程中往往很难实现。

之外,刑罚始终在场①,虽刑量可能基于赔偿得以减轻,但刑罚之外还有赔偿,或者说赔偿之外还有刑罚。这种刑民混成的方式,并没有减轻犯罪人总的惩罚量,从该意义上讲,犯罪人的赔偿既满足了被害人获得赔偿的愿望,也并非减轻了对犯罪人的惩罚量。安德鲁·卡门曾说过,"获得赔偿是令人抚慰的,复仇是甜蜜的"。② 赔偿与刑罚的混成,满足了大多数被害人的实质需要,应该是大多数被害人理想的犯罪处置方式。

(二)通过赔偿过程提高被害人的主体地位

当前,我国被害人上访、申诉案件所占比例越来越大,一方面反映出被害人的物质诉求或者报应情感没有得到基本满足,另一方面也表明被害人在刑事诉讼程序中,其主体性地位没得到应有的重视,被害心灵没有得到及时慰藉,刑事诉讼过程中被冷落的地位、被遗忘的身份使他们没能很好地释放其心理压力。不能否认,他们寻求上访、上网甚至"上吊",部分原因是希望通过这样一种信息传递过程确认他们的被害人身份,引发公众关切,进而获得向媒体和民众倾诉和表达的机会,获得更大的关注甚至同情,最终展示和保障自身的主体性存在。相较于刑事诉讼程序中被害人形同虚设的"当事人"地位和"被遗忘"的现实角色,在犯罪人的积极赔偿过程中,体现了对被害人主体地位的充分尊重。

其一,犯罪人赔偿强调以被害人为导向,赔偿与协商过程中,公权力机关很少或者根本不介入其中,只是置身被害人身后的坚强后盾,如果犯罪人真诚悔罪,积极赔偿并满足被害人,国家则可以减轻对犯罪人的刑

---

① 虽然德国学者主张赔偿应成为"第三轨",但在笔者讨论的范畴内,仅仅把赔偿作为量刑从轻、减轻因素予以适用,并未设计用赔偿替代刑罚的考虑。

② Adsrew Karmen, *Crime Victims: an Introduction to Victimology*, Wadsworth Publishing Company, 1990, p.279.

罚。由此,在该程序设计中,被害人再也不是可有可无的角色,被害人意愿得到充分尊重,其主体地位得以凸显。

其二,“赔偿”过程实现了犯罪人和被害人的面对面沟通,被害人有机会向加害人及其他人讲述其遭遇犯罪后的痛苦经历,这样的过程具有发泄不满情绪、缓解心理压力的作用。在该过程中,无论犯罪人是基于真心悔悟抑或为了“易刑”,他们都会非常关注被害人的受损程度,充分考虑被害人的利益主张、被害心理和情绪反应,会竭尽所能地获得被害人的谅解。并且为了获得被害人谅解,犯罪人通常会积极认罪和真诚道歉,这样的过程极大地满足了被害人被尊重的主体需要,起到抚慰被害人及其家属受害心理,进而降低被害感的作用。

其三,当前,诸多司法实践和司法解释确认了被害人谅解与否对犯罪人量刑的影响,①意味着被害人不仅可以充分表达自己的主体性意愿,并且其愿望还将被裁判机构充分听取,甚至被害人谅解与否的态度将最终影响犯罪人的刑罚裁量。当被害人追究性量刑意见或者消解性量刑意见可以实实在在地对法官的量刑裁决产生影响时,意味着被害人在刑事司法中的主体性地位得到了极大提高。

(三)赔偿具有与刑罚相同的心理安抚共性

让公权力机关对犯罪人施加刑罚,让其体会到什么是“恶有恶报”,具有很好的心理安抚功能,因为刑罚总是通过强制性手段,剥夺犯罪人自由、财产甚至生命,施于加害人的该恶害正是被害人及其家属,甚至社会民众期望看到的不良后果之一。如前所述,行为人完全或部分补偿被害

① 如2010年印发的《最高人民法院量刑指导意见(试行)》规定,对于取得被害人或其家属谅解的,综合考虑犯罪的性质、罪行轻重、谅解的原因以及认罪悔罪的程度等情况,可以减少基准刑的20%以下。

人的行为实质是以自己的作为对犯罪后果予以抵偿，意味着行为人至少以实际行为承担了一部分刑事责任①。该“赔偿”客观上起到了增加惩罚量的作用，是行为人因罪而罚的自我报应，具有与刑罚互可通约的惩罚本质和报应效应，进而具有相似的被害心理安抚功能。并且，允许被害人在量刑过程中充分表达对犯罪人的追究性的量刑意见或者消解性量刑意见，且该意见对判决结果可以产生实在的影响，这应该是被害人在法制框架内宣泄复仇意愿的最有效途径。在赔偿及互动过程中，被害人对被害过程的诉说，犯罪人的致歉，大家对被害人损害的关切，对其利益恢复的关心，以及赔偿过程中充分的诉求表达，都大大提升了其主体性地位，有助于减轻被害人的焦虑和仇恨，能够实现良好的心理安抚。

另外，时间对单纯报应心理的冲淡和销蚀作用同样不容忽视。在被害之初，被害人及家属通常对加害人极端愤恨，随着时间向前推移，当情绪逐渐平复，单纯的报应心理会随之削减，在恢复理性之后他们对求偿的需求会变得更为强烈，进而松动甚至改变对犯罪人赔偿行为的态度。此时，刑事司法上确认赔偿的理由，或者是犯罪人的积极作为在相当程度上起到了减缓被害心理的作用，或者是伴随物质性给付的同时，加害人真诚赔礼道歉的态度，平息被害人的作用更明显。

第三节　以“赔钱减刑”恢复被破坏的基本秩序

面对已然犯罪，报应性司法坚持有恶必惩、除恶务尽的报应正义观，面临的质疑常常是：刑罚之后又如何？被犯罪损害的社会关系并没有伴

① 参见［德］汉斯·海因里希·耶赛克：《德国刑法教科书》，徐久生译，中国法制出版社2001年版，第1034页。

随犯罪人的服法得到应有修复;刑罚的强制过程反而隔离了犯罪人,削弱了犯罪人修复损害的愿望,妨害了其修复损害的能力,进而最终阻止加害人与被害人以及社区和谐关系的重建,甚至伴随犯罪人自由和尊严的丧失,还会刺激和加剧犯罪人对社会的仇视,拉大其与社会之间的隔阂,不利于其再社会化。

因而,报应性司法视角下的刑事责任是一种抽象责任,犯罪人通过接受刑罚承担了抽象责任,却逃避了现实的具体责任。① 抽象责任对许多犯罪人来讲是无必要的痛苦,而对被害人和社区来讲,他们并没有从对犯罪人的惩罚中获得权利和补偿,各方利益没有得到有益的平衡,因而,他们不可能真正谅解犯罪人,并接受他们回归社会。而现实生活中,一些犯罪,尤其是激情或过失犯罪,犯罪人在犯罪后大多会表现出一定程度的悔意,一旦受到严厉的刑罚制裁,这种悔意常常会被对司法人员、对被害人甚至是对社会的不满所代替,从而不利于真正的犯罪改造和社会关系的恢复。因此,葛德文曾经说,刑罚这种强制手段不能说服和安抚人,相反地,使遭到强制的人离心离德。②

犯罪产生于社会现实。该命题蕴含如下含义:(1)从客观上讲,只要产生犯罪的社会因素存在,犯罪的发生就是必然的,只是由什么人、在什么时间、以什么方式、实施何种具体犯罪,以及产生怎样的具体危害后果而已。因此,学者认为,行为人对其犯罪行为所应当承担的责任也是相对的、有限的,而非绝对的和无限的。③ (2)就社会衍生犯罪而言,社会负有积极消除和减少犯罪的责任。调整社会结构、维护良好的社会秩序,是犯

① 参见姜敏:《刑事和解:中国刑事司法从报应正义向恢复正义转型的路径》,《政法论坛》2013 年第 5 期。

② 参见[英]威廉·葛德文:《政治正义论》,何慕李译,商务印书馆 1997 年版,第 534 页。

③ 参见张绍彦:《犯罪与刑罚研究的基础及其方法》,《法学研究》1999 年第 5 期。

罪预防的有效措施。

虽然优化社会结构、解决社会问题、构建良好秩序，是一个综合性的大问题，需要社会的整体协调与互动，但恢复性司法所鼓励的社会秩序恢复、社会关系协调无疑是对这上述理念的司法践行。恢复性司法认为国家介入刑事纠纷的目的应当是为参与者带来和平的人际关系、弥补被害人及被害社区的损失、帮助犯罪人正常进入社区生活，通过犯罪案件的处理，实现各方利益的最大化，促进冲突双方相互理解和尊重，修补人际关系，稳定社会秩序。面对已然的犯罪结果，应该以修复犯罪人与被害人具体关系为基础，完成社会关系的修复，恢复原来井然有序的安宁状态。从该意义上讲，归根结底，法及其刑只是手段而非目的，通过各方利益的平衡，重新调整被犯罪破坏的社会关系，实现社会关系的和谐与共融，最终目标是要建立良好、有序的社会环境，以预防犯罪的发生。

恢复性司法视野下的“赔钱减刑”在思维逻辑上不是将案件看作是一个独立的、孤立事件加以对错判定，而是将其看作社会关系链中的一个中介环节，案件的解决正是要弥补、熨平或重建发生褶皱或断裂了的社会关系链和事件连续链，它关心的不光是问题解决是否符合法律的逻辑推理，更关心问题的解决是否妥当，是否有利于社会秩序的稳定①。通过适当的“赔钱减刑”，对被害人而言，财产利益和精神利益都一定程度上恢复了旧有的平衡；对加害人而言，让其直面被害人因犯罪行为所遭受的痛楚、社会公众所表现出的不安，向被害人、社会承认过错并承担责任，通过积极地恢复旧有的平衡，在修复被害人和社区的同时，使自己也获得修复；对社会而言，犯罪人的积极赔偿行为，有助于被害人和民众从心理上谅解犯罪人，有助于冲突双方在宽恕和谅解的基础上重建被犯罪所侵害的社会关

① 参见强世功：《“法律不入之地”的民事调解——对一起“依法收贷”案的再分析》，《比较法研究》1998 年第 3 期。

系。“赔钱减刑”正是通过这样一个过程，消解了犯罪人与被害人之间的紧张关系，并且通过犯罪人与被害人的共同修复，实现了个人、国家、社会多方利益的平衡，恢复了被破坏的社会秩序，维护了社会的安宁。无论是从正义还是效率的角度，乃至解决纠纷方面，均有值得称道之处。

同时，“赔钱减刑”的司法过程还暗含“沟通”与“对话”的和解成分，在犯罪人救赎需要和被害人抚慰需要基础上促成双方一定程度的“合作”，该合作的结果有助于加害和被害双方的利益最大化，并且通过当事人的沟通与交流实现结果的平和性。这个过程一方面切实保障了被害人获得较为现实的物质和精神满足，同时，赔偿作为犯罪人迈出的积极主动行为，是一种理想的解决方法，对犯罪人的赔偿行为予以积极回应，可以把原本向下沉沦的加害人“救”上来，让加害人与被害人有机会面对面、听听被害人受害后的感受，加害人方能更好地体会对方的痛苦；通过加害人心理历程的诉说，也能够让被害人了解，其实加害人内心也是焦虑、不知所措的，此时，若加害人有机会表达忏悔，向被害人道歉，对加害人、被害人双方关系的恢复来说都是有益的，是有效修补双方关系的重要手段。透过这种协调过程，不管是双方在谈条件，或是第三人介入的协调，加害人经历这样的过程，可以感受到对自己的行为要付出代价，对他将来的行为也会有制约作用。“赔偿减刑”过程中双方充分参与以及在赔偿的基础上受害人及其家属的宽恕和谅解，使社会仇恨得到有效化解，有助于减少刑罚造成的对立。① 通过犯罪人的忏悔和被害人的谅解，恢复或者基本恢复加害人和被害人之间的关系。通过当事人的赔偿与和解，不仅解决了一个法律案件，而且解决了一个社会事件，修复了被破坏的社会关系。② 这于法和平

① 参见陈瑞华：《刑事诉讼的中国模式》，法律出版社 2008 年版，第 19—20 页。

② 参见谢锐勤：《天使还是魔鬼：揭开“赔钱减刑”的面纱——以治理为导向的刑事和解实践》，《法律适用》2014 年第 7 期。

的重建具有重大的意义，因为，只有在损害得到赔偿后，被害人和一般公众经常甚至在不取决于惩罚的情况下，才会承认行为造成的社会紊乱已经得到了消除①。

有具体被害人的犯罪是对被害人具体权益的侵害和社会关系的破坏，从犯罪发生机理看，犯罪有其深厚的社会根源，亦是被害和加害互动的结果，犯罪原因的错综复杂性决定了一味谴责、重罚加害人并非反映客观实际的应有之举，亦非公正之举；刑罚只是抗制犯罪的措施之一，而非全部，单纯的惩戒绝非犯罪预防之良策，应该更加重视研究生活中真实的犯罪人和实实在在受到侵害的被害人，“重防慎罚”是直视犯罪现象的理性选择。从社会治理思维出发，重视社会关系的重新调整和个人利益的协调融洽，化解矛盾，修复人际关系是犯罪预防之“正途”。“赔钱减刑”立足被害人损害的恢复和补偿，追求国家、社会、加害人与被害人四者关系的平衡，强调通过秩序恢复完成犯罪治理，是良性的犯罪预防措施。

---

① 参见［德］克劳斯·罗克辛：《德国刑法学总论（第 1 卷）》，王世洲译，法律出版社 2005 年版，第 55 页。

第四章　“赔钱减刑”的引导效用

刑罚正当化根据包含报应的正当性与预防目的的合理性，基于报应所裁量的刑罚是责任刑，基于预防的刑罚是预防刑①。最终，根据影响责任刑情节和预防刑情节共同确定对犯罪人的宣告刑。在中国大陆，无论是学界还是司法系统，对“赔钱减刑”研究的出发点和进路大多围绕犯罪人赔偿与其人身危险程度降低之间的关联性，从预防刑降低视角证成“赔钱减刑”的正当性。毋庸置疑的是，“赔钱减刑”的基础性根据是犯罪人责任减轻，由此框定了“赔钱减刑”的讨论范畴，但主要价值却是犯罪预防的需要，根本上影响的是对犯罪人预防刑的裁量。不仅如此，通过司法上对犯罪人赔偿行为的确认及回应，还有引导犯罪人积极悔罪，以及在此基础上树立和彰显社会行为规则的功效。

第一节　以确认赔偿回应和引导悔罪

针对具体案件中犯罪人的预防刑裁量，由于属于对将来行为的预测，故而，不仅需要以已经发生或正在进行的行为或事实为根据，判断犯罪人

① 参见张明楷:《论预防刑的裁量》,《现代法学》2015 年第 1 期。

再次犯罪的可能性,也需要确定施予犯罪人的刑罚可能具有的效用,即怎样的刑罚才能有助于犯罪人改善从生。① 人身危险性概念与犯罪的社会危害程度概念一样,是综合众多情节甚至可以是综合整个犯罪过程和案外情节所做出的评判②。诸多情节都只是综合判断行为人再犯可能性大小的素材之一,要得出合理的预防刑,需要对行为人一系列已有的现实表现进行综合评价。其中,被害人悔罪往往是评价其人身危险程度的重要因素,而悔罪与否主要是一种心理态度,需要借助犯罪人的外在行为得出。因此,在裁量预防刑时,必须结合与犯罪人有关的、现实的客观行为完成对行为人悔罪与否的评价,进而完成对其将来行为的预测。影响犯罪人人身危险程度的情节既包括法定情节,也包括相当数量的酌定情节;既可以从案中情节中体现,也能从案外情节中发现。

刑法总则中典型的法定预防型从宽情节包括自首、立功与坦白,并且是"可以型"从宽处罚情节③。之所以将其作为从宽型情节,一则因为行为人在犯罪后以自首、立功或者坦白的方式表明对自身错误行为已有认识或愿意积极从善,可作为再犯罪可能性减轻的依据;二则从刑事政策上看,由于行为人的合作,有利于司法机关及时侦破案件,节约司法资源。除上述法定情节外,积极退赃、退赔、挽回与赔偿损失等事后行为也具有减少被害人损失的作用,还可彰显其悔罪和合作态度,因此,得到了诸多司法解释的肯定和确认,典型的司法性规定是最高人民法院《关于常见犯罪的量刑指导意见》。该司法解释规定了退赃、退赔的,可综合考虑犯罪性质以及退赃退赔数额和效果等,减少基准刑的30%以下。反省、悔罪与赔礼道歉等情节因不可能减少犯罪人的不法程度,于犯罪人责任刑

① 参见张明楷:《论犯罪后的态度对量刑的影响》,《法学杂志》2015年第2期。

② 参见王利荣:《案外情节与人身危险性》,《现代法学》2006年第4期。

③ 基于本书写作的需要,在此只讨论从宽型情节。

的降低无积极意义,故不能成为责任刑降低的情节。但悔罪意味着被告人对自己犯罪行为的后悔、悔恨,在美国,也将悔罪看作是减轻量刑因素的一个原因,认为悔罪或责任的接受可以表明被告有矫正的可能性。在我国,真诚的反省、悔罪与赔礼道歉能够表明犯罪人再犯可能性小,几乎是个不证自明的道理。

如同刑法对自首和立功的犯罪人做出从轻、减轻处罚或者免除处罚的规定是基于行为人具有的悔罪和合作态度一样,行为人主动赔偿行为同样征表了行为人具有的真心悔悟或积极配合与妥协的态度,能够纳入对行为人人身危险性考察的范畴。加罗法洛和菲利都曾强调损害赔偿对犯罪人的特殊预防功能,并建议将其作为刑罚的替代措施①。一般来讲,赔偿动机无非两种,一种基于真心悔悟,积极赔偿;另外一种是为了换得量刑从轻的策略性选择。由于犯罪人赔偿动机具有的差异性,积极赔偿与真心悔罪是否形成实质关联,还需结合其他要素得以判断,但不能否认的是,不管是基于悔罪的赔偿还是“易刑”的赔偿,行为人的赔偿都具有彰显人身危险性降低的积极意义,刑事司法需要对其行为做出回应。

一、以确认赔偿回应悔罪

犯罪人积极悔罪预示着其对过往错误行为的正确认识和争取重新回到正确轨道上来的心理状态,是重要的从轻情节,但悔罪终究是一种主观心理,需要借助一系列客观行为得以反映。前已述及,犯罪人的积极赔偿

① 加罗法洛认为应该以强制赔偿替代短期自由刑,他认为“一方面,强制赔偿比短期监禁具有更为强大的预防作用。如果能使罪犯们确信:一旦被发现,他们不能逃避弥补因其犯罪所造成的损害,这将对罪犯,特别是职业扒手和骗子产生阻力,这种阻力比当代(短期)剥夺自由的刑罚所产生的对于犯罪的阻力要大得多”。参见[意]加罗法洛:《犯罪学》,耿伟、王新译,中国大百科全书出版社 1996 年版,第 376 页。

行为不仅具有事后减少被害人损失的效果，因而具有减轻责任刑的意义，还征表了行为人主观意志的变化，预示着其悔罪心理，故而，在刑事法理论上，学者大多赞成将犯罪人赔偿认定为犯罪人人身危险性降低，再犯可能性减轻的情节，在预防刑中加以考虑。加罗法洛认为“赔偿损失最能作为犯罪人悔罪的指标”，他在其著述中指出：我唯一注重的是囚犯本人的，一个确实无疑的悔悟信号，在我看来，这个信号就是，囚犯为了被害人及其家属的利益，自愿放弃自身的利益。个人通常是重视钱财的，尤其重视通过自身劳动挣得的那部分，罪犯比工人更重视钱财，因为他通常是一个农民或者其他劳动者，且从未成功地积累起哪怕是很少的钱财。如果一名罪犯自愿放弃其大部分的个人积蓄来赔偿被害人的损失，这就是一个有力的证明，证明其已经意识到了自己的违法行为，证明自己已经有了改过自新的愿望。这种证明比起那些有关良好举止的承诺和对过去忏悔的表白更有证明力。① 在中国现行刑事法实践中，将犯罪人赔偿作为认罪、悔罪的重要指标而对刑罚从宽的做法一直存在②。

我们确信，现实中存在大量犯罪人，尤其是一些过失犯罪或激情犯罪，由于犯罪行为往往基于一时冲动或疏忽大意所为，犯罪以后积极悔悟的可能性较大，他们往往容易较快认识到自身行为的不当，并采取积极措施赔偿或补偿被害人，赔偿行为实质上是其真心悔罪的结果。因为赔偿的前提是承认自身行为存在过错，并愿意对行为导致的结果承担责任，通过对自身利益的剥夺达到补偿被害人的目的。故而，犯罪人赔偿与悔罪之间具有证据与证明对象的关系，在悔罪心理下的积极赔偿，由于还附加

① 参见［意］加罗法洛：《犯罪学》，耿伟、王新译，中国大百科全书出版社 1996 年版，第 384 页。

② 参见王丽英、杨翠芬：《恢复性司法与“赔钱减刑”的制度化思考》，《河北学刊》2011 年第 1 期。

了被害恢复的价值,甚至应该比作为法定从宽情节的坦白、自首和立功具有更实质性的意义。

由于司法实践中,犯罪人的积极赔偿通常被当作悔罪的重要指标,给人的直观感受就是,似乎犯罪人赔的越多,其悔罪态度就越好。能否以犯罪人的赔偿数额表征其悔罪程度呢?答案是否定的,事实上,犯罪人赔偿数额的多寡,能表明其愿意恢复损害的诚意大小,可能反映其悔罪心理,但不必然代表赔的越多,悔罪态度就越好,以赔偿与否或数额多少来认定悔罪态度的好坏,结论未免过于片面。毕竟基于经济条件的差异性,犯罪人的赔偿数额往往还受自身经济条件的限制。对于富人来讲,个人财产的极小一部分就已经远远超出止损的上限;而对于贫穷的犯罪人来讲,就算倾其所有或许也只是杯水车薪。详言之,当犯罪人有足够的支付能力,为此他支付了较大一笔赔偿金,该举措不一定代表犯罪人有积极的悔罪表现;但是如果犯罪人有足够的赔偿能力,却不及时主动赔偿,却可以表征其无悔罪或者悔罪态度不够。故而,赔偿数额、赔偿时间、赔偿能力与悔罪态度是否积极之间存在关联性,对几者关系的梳理有助于准确考察犯罪人悔罪与否及其程度。大致的参考标准应该包括:(1)当犯罪结果发生后至判决做出前,犯罪人能够无条件地、积极主动地赔偿被害人全额甚至超额损失的,可视为积极悔罪。(2)既要鼓励犯罪人积极的全额赔偿,却不能将加害人的金钱给付和真诚悔罪之间简单等同,即“有钱就有态度,没钱就没态度”,要客观分析其他未能全额赔偿的犯罪人。尤其对于某些态度积极、行为主动但赔偿能力有限的犯罪人,就算没有全额赔偿或者最终请求家属、亲友帮助赔偿的,虽自身给付不多,但能在力所能及的范围内尽最大努力真挚赔付,只要其赔偿行为能清晰表明犯罪人进行了积极努力,尤其是对于不惜变卖家产积极主动进行赔偿的,即使赔偿数额占应赔总额的比例较低,一般也可以理解为犯罪人积极赔偿。此时,不光是以赔偿数额决定悔罪程度,还应通过考察犯罪人对损害赔偿的态度和努力程度完成对其悔罪程度的评价。(3)对于犯罪人提出“附条件”赔偿、“不减则不赔”的,对这类犯罪人的“减刑”应慎重适用,在其他条件不变的前提下,“减刑”幅度也应明显小于前者。

二、以确认赔偿回应妥协与合作

可以预见的是,部分行为人之所以愿意赔偿,并非完全出于内心意愿,甚至很多时候犯罪人持有的是一种交易心理在积极赔偿,赔钱如果不能“减刑”,他们不会做出赔偿举措,实质上他们的积极赔偿行为,是为了换得量刑从轻的“易刑”选择。故而,学者认为,“由于量刑压力产生的被告人对自己权利的放弃,很难看作是出于自愿的”。① 这样的赔偿心理,固然没有基于真心悔悟实施的赔偿那么值得赞许,也使“减刑”存在风险,针对这种交易的风险性,法官可以通过自由裁量,在量刑过程中谨慎适用,体现出“减刑”幅度上的差异性,以防止行为人恶意逃避法律。但是,却也不能由此否认这类犯罪人做出的赔偿行为实质上具有降低人身危险程度,进而减轻预防刑的意义,因为,犯罪人的“易刑”心理暗含了妥协与合作。

其一,赔偿作为犯罪人的事后行为,不管基于何种动机,至少该外化行为可清晰印证犯罪人的人格态度,表明其愿意妥协与合作,并积极补偿犯罪损失,反映的是他与社会所提倡和鼓励的价值对立的态度并不坚决,容易改造和再社会化。

其二,或许犯罪人做出的赔偿选择并不符合其内心的真实意愿,但犯

① 参见[德]托马斯·魏根特:《刑事诉讼法中不可放弃的原则》,樊文译,中国法学网,https://www.iolaw.org.cn/showArticle.aspx? id=1973。

罪人在综合诸多因素的基础上，最终做出符合大众期待的选择，该决定是对自身其他需求和行为抑制的结果。能够很好地抑制自身的不良需求，实现良好的主体控制，也是防止其犯罪的重要因素。

故而，犯罪人赔偿在本质上讲，是符合刑罚目的，并有利于实现刑罚目的的，就算“赔钱减刑”的司法设计在某些情形下确实“强制”着行为人在对自己行为后果深入分析和权衡结果的基础上“被迫”与被害人达成协议，但犯罪人能够被“强制”以及“强制”自身行为的过程，本身就预示了犯罪人从对抗到妥协的心理变化过程，何况，交易的结果并非只是换来了犯罪人刑罚上的从轻，更是使被害人得到了物质性补偿。

三、以确认赔偿引导犯罪人积极悔罪

积极悔罪是犯罪人预防刑降低的重要依据，在犯罪人预防刑裁量中处于重要地位，引导犯罪人于犯罪后积极悔罪，并通过矫正和改造自己，实现重新社会化，后者更是行刑过程的重要任务和目标。如若能够在立法或司法阶段，通过量刑情节的合理适用即可实现对犯罪人心理和行为的引导，确有“事半功倍”之效果。

前已述及，犯罪人的赔偿行为可征表其人身危险性降低，进而可以换得量刑上的从轻，“赔钱减刑”是刑事司法裁量对犯罪人赔偿行为的积极回应，确证了犯罪人赔偿之于量刑的积极意义。然而进一步看，司法机关通过司法活动确认犯罪人赔偿于量刑从轻之意义，并以从轻的量刑行为和量刑结果回应犯罪人的赔偿行为，确立“赔偿”—“减刑”之间的关联性，对于犯罪人来讲，更像是给了他们一个明确的信号和指引：积极赔偿是被肯定和鼓励的行为，做出赔偿行为的人会得到正面评价和“奖赏”。由此，通过犯罪人赔偿与司法上量刑从轻之间的积极互动，有助于引导犯罪人在司法过程中积极悔罪,该悔罪表现虽然与犯罪人在犯罪行为后自发与自为的悔罪存在差异性,但如果通过司法上的积极引导和拉动,确实推动了犯罪人积极的反思与悔过,这样的悔过过程对于其重塑人格仍然具有重要作用。

第二节　以确认赔偿引导刑事和解

一、有助于刑事和解正当性的理论澄清

作为恢复性司法本土化实践的刑事和解制度,由于其良好的个案效果,在我国司法实践中具有旺盛的生命力,并成为近年理论研究的热点问题。甚至,2012 年刑事诉讼法修正案通过立法方式正式确立了刑事和解制度的法定地位,对其制度构建也基本完成①。司法层面,2014 年实施的最高人民法院《关于常见犯罪的量刑指导意见》“常见犯罪情节的适用”第 10 条也规定,当事人根据刑事诉讼法第二百七十七条达成刑事和解协议的,可综合犯罪情况和赔偿、悔罪等情况,减少基准刑的 50%以下;犯罪较轻的,可以减少基准刑的 50%以上或者依法免除处罚。立法和司法的确认,宣告了刑事和解的合法性。但现实中,伴随刑事和解的立法和实

① 我国《刑事诉讼法》第 277 条对刑事和解的案件范围做了具体规定:下列公诉案件,犯罪嫌疑人、被告人真诚悔罪,通过向被害人赔偿损失、赔礼道歉等方式获得被害人谅解,被害人自愿和解的,双方当事人可以和解:(一)因民间纠纷引起,涉嫌刑法分则第四章、第五章规定的犯罪案件,可能判处三年有期徒刑以下刑罚的;(二)除渎职犯罪以外的可能判处七年有期徒刑以下刑罚的过失犯罪案件。犯罪嫌疑人、被告人在五年以内曾经故意犯罪的,不适用本章规定的程序。第 278 条规定,双方当事人和解的,公安机关、人民检察院、人民法院应当听取当事人和其他有关人员的意见,对和解的自愿性、合法性进行审查,并主持制作和解协议书。

践推进，刑事和解的理念和实践却屡遭质疑。梳理民众和学界质疑焦点，不难发现，对刑事和解质疑的根本原因和核心问题来源于对犯罪人赔偿的不认可，进而排斥基于赔偿基础上达成的和解协议①。

由于大多数案件中，当事人和解主要以犯罪人赔偿为基础达成，赔偿既是刑事和解的重要手段，也是刑事和解的核心内容，因而，民众对“赔钱减刑”的质疑与抵触往往使他们迁怒于刑事和解，对“赔钱减刑”的责难自然也就辐射到了对刑事和解非正义性的质疑与责难，并由此认为刑事和解违背了平等原则，具有非正义性，阻碍了实践中刑事和解的推进。如果犯罪人赔偿不被民众认可，以赔偿为主要载体的刑事和解，在程序推进中必然面临诸多障碍。所以，“赔钱减刑”的正义性问题是评价刑事和解正义性与正当性过程中不可回避的问题，对“赔钱减刑”正当性的诠释关乎刑事和解正当性的评价，对“赔钱减刑”正当性的理论阐释和社会批评的回应，以及刑事司法对犯罪人赔偿的确认与实践的规范，有助于刑事和解正义性的理论澄清，牢固刑事和解的公众基础。

二、以确认赔偿促进刑事和解的程序性推进

虽然本书所指“赔钱减刑”实质是指在量刑过程中，裁判机关根据犯罪人已然的赔偿行为，在权衡报应与预防需要的基础上做出的刑罚从轻与否的裁决，本书所谓之“赔偿”也仅仅作为量刑情节影响对犯罪人的量刑，只在刑罚裁量范畴适用，并无替代刑罚，独立适用或者启动特殊司法

① 如有观点认为刑事和解的存在很大程度上是基于其现实合理性，而非理论上的正当性。同时在法律上，刑事和解以“赔”免“罚”，很难经得起法律逻辑的推敲。参见吴宏耀、高仰光：《“花钱买刑”：刑事和解的正当性追问》，《中国社会科学报》2009 年 7 月 14 日。

程序之功效，与作为纠纷解决方式的刑事和解具有不同的法律位阶，非同一研究范畴的问题，然而，作为特殊刑事司法程序的刑事和解，其基本逻辑是加害人道歉、赔偿，受害人表示接受，并在此基础上通过协商达成和解协议，除少数案件中仅靠犯罪人的道歉即可换来被害人的谅解外，大多数和解案件中，和解的主要手段却是赔偿，也即，赔偿是达成加害与被害“和解”的重要条件。所以，本书的“赔偿”与刑事和解中的“赔偿”是既有区别也存在较大关联性的关系。

二者的区别主要表现在，“赔钱减刑”中的“赔偿”是可以直接作为量刑情节，通过征表责任刑和预防刑的减轻影响刑罚裁量的；而刑事和解中虽然也往往有犯罪人赔偿，但此时的赔偿仅仅是加害和被害达成和解的基本前提和手段，赔偿行为本身不是量刑的基本要素，犯罪人刑罚从轻甚至转处的依据是犯罪人与被害人达成的“和解”协议。赔偿在其中的作用集中表现在，通过赔偿协议的达成，加害人得到了受害人的谅解，但也仅仅是“谅解”而已，而不是通过赔偿“买到”了“轻刑”，赔偿是达成和解的至关重要一环①。但是，刑事和解中的和解协议，其内容不仅包括赔偿，犯罪人赔礼道歉以及被害人谅解也占据了重要地位，因为犯罪人在积极悔罪基础上的真诚道歉是换取被害人谅解的重要手段，单纯的赔偿，无被害人的谅解，亦无法达成和解。从这个意义上讲，赔偿仅仅具有工具性的作用；赔钱减刑中的“赔偿”是在犯罪人承认自身行为构成犯罪的前提下，通过主动、自发的赔偿行为完成罪责的承担与社会关系的修复，该行为实现了部分刑事责任的承担，按照均衡原则换来刑罚的适当轻缓。刑事和解中的赔偿则不然，刑事和解中赔偿的发动、赔偿数额的确立等都是在双方协商的基础上形成的，无论是过程还是结果都带有一定的合意性，

---

① 参见高永明：《基于刑事和解的赔偿减刑》，《中国刑事法杂志》2013 年第 11 期。

如果有一方对赔偿问题持反对意见,协议则不能实现,赔偿自然也无法实现,因此刑事和解的赔偿更多体现了当事人处分权利的自主性。

既然“赔偿”往往是和解的重要手段,则赔偿之于和解的达成便具有意义。对此,罗克辛教授也曾说过,赔偿能够导致犯罪人和被害人之间的和解,从而使本应受刑事惩罚的人重新回归社会。① 对赔偿行为理论上的诠释和司法上的客观评价具有推动刑事和解司法进程的重要意义。

需要明确的是,无论刑事和解具体运作机制如何,当事人均是刑事和解程序产生和发展的最基本元素,是否愿意和解,达成何种和解协议,都取决于当事人的意愿②。当事人及其意愿对于刑事和解程序的发起与推动起着至关重要的作用。而赔偿的发动与赔偿金的接收符合当事人双方的意愿,有助于双方“自主性”地推进和解程序。

首先,通过司法程序上对赔偿行为的确认和肯定,有助于促使和引导犯罪人积极行为,以积极的赔偿行为换来与被害人的和解,由此获得刑罚上的从轻。因为,根据《刑事诉讼法》第 279 条的规定,刑事和解作为一个特殊的刑事司法程序,经双方合意的和解协议,可以对犯罪人的刑罚处罚产生较大影响。

其次,犯罪人的赔偿行为与伴随赔偿行为的赔礼道歉等行为,为犯罪人与被害人和解提供了契机,有助于被害人在自身损害得到补偿的基础上达成与犯罪人的和解。从和解的可能方式看,如果被害人不愿参与,即使犯罪人真诚悔罪,也终究由于缺乏被害人的谅解而无法达成和解协议,故而,被害人有无宽恕态度,对于刑事和解程序的推动起着至关重要的作

① 参见[德]克劳斯·罗克辛:《德国刑法学总论(第 1 卷)》,王世洲译,法律出版社 2005 年版,第 55 页。

② 参见萨其荣桂:《刑事和解实践中的行动者——法社会视野下的制度变迁与行动者逻辑》,《现代法学》2012 年第 2 期。

用。除少数情况下仅有犯罪人的真诚道歉便可换来被害人的宽恕与谅解外，大多数情况下，被害人谅解犯罪人的基础和前提是犯罪人补偿了被害人损失，支付了赔偿金。

最后，刑事和解的过程实质上是双方当事人自主决定的过程，“自主性”特征决定了无论是谈判协商还是心理博弈，都取决于双方当事人的自由意志，和解与否以及和解形式也都完全由当事人自主决定，司法机关只对和解的条件、内容及程序进行适法的监督和审查，并不直接干预和解协议的达成。如果司法上能够确认“赔偿”可以换来量刑上的从轻判决，则犯罪人更容易“自主”地选择通过赔偿达成和解；赔偿金具有的补偿被害属性也容易使被害人愿意“自主性”地参与协商过程。由此，刑事和解程序在犯罪人与被害人主动参与的情形下，得以程序性地推进。

我国《刑事诉讼法》第 279 条规定了，达成和解协议的案件可以做从宽处理或者不起诉处理。实践中的通常做法是案件通过退回公安机关撤案这种“倒流式”的“法外”程序进行的。① 由此，通过规范化的“赔钱减刑”和刑事和解程序，还可以起到良好的案件分流作用，推动协商性司法进程。

第三节　以确认赔偿降低行刑成本

特殊预防的理论拥护者强调，对犯罪人特殊预防不是把他赶出社会并在他身上打上耻辱的烙印，而是要通过对他行为及心理的矫正，最终让他重新融入社会。面对业已造成的犯罪损害和已然做出侵害行为的犯罪人，我们的目标不是要积极制造和增加罪犯，而是要致力于积极消除犯罪

① 参见宋英辉等：《刑事和解实证研究总报告》，北京大学出版社 2010 年版，第 13 页。

业已造成的影响。李斯特教授曾提出通过三重形式实现犯罪的特殊预防:通过对行为人的监禁来保护一般公众免受侵害;通过对行为人适用刑罚威慑未然之罪;通过对行为人的矫正来防止其再犯罪①。不管是通过监禁、威慑还是矫正,上述三重特殊预防的最终目的无非是要实现犯罪人守法。守法是犯罪人再社会化最基本的要求和目标,是国家对犯罪人实施刑罚的重要目的,因此,犯罪人与法律对抗或合作的态度往往影响着对其适用刑罚的力度。犯罪人的积极赔偿行为,是以承认自己对被害人造成损害,行为构成犯罪为前提的。不管是基于内心悔悟的外化表现还是为减轻处罚的一种司法策略,犯罪人只要承认自己行为的不当,并愿意为自己的不当行为承担责任,在公权力面前愿意妥协,并希望重新回到法秩序的基础上来,这既是其主观“恶”减少的标志,预示着行为人的可谴责性降低,从犯罪预防角度看,更说明犯罪人人身危险程度减轻,预防行为人再次犯罪的需要降低。按照量刑基本原则,在量刑的时候,对于人身危险性较小的,甚至没有再犯危险的,无需通过刑罚惩罚预防犯罪的,可以依法予以从轻,减轻甚至免除处罚。

积极赔偿还是犯罪人对自身行为否定性评价基础上做出的自我担当,是对已然损害利益的恢复和遭受破坏的社会关系的修复,即使可能很多时候赔偿并不能真正意义上实现人际关系的和谐与重构,但对加害人重建人际关系的努力进行积极鼓励并奖赏其向善行为,无疑是促进其重新社会化的重要举措;伴随赔偿过程中的诉说和平等对话,不仅具有被害安抚的意义,还能够增进行为人对损害行为和损害事实的反思,强化法律规范的认识;犯罪人积极赔偿努力构建的社会关系,也有利于他的回归。最终,犯罪

① [德]Claus Roxin,*Strafrecht*,*Allgemeiner Teil*,Band 1, C1H1Beck's Verlagsbuchhandlung,1997,S.45 ff。转引自王世洲:《现代刑罚目的理论与中国的选择》,《法学研究》2003年第3期。

人以自身实践确证了法规范的正确性,进而宣告了无需严刑峻法,即完成了该行为人的法规范教育和责任意识强化,表明对他施以较重的刑罚显得没有必要,相应地减轻了刑罚的犯罪预防任务,客观效果是降低了行刑成本。

第四节 以确认赔偿彰显社会行为规则

对犯罪人报应刑的裁量和预防刑的施加,本身具有彰显社会正义、确认社会行为规则、实现社会行为引导之功能。合理的“赔钱减刑”司法裁量,既通过均衡性地惩治犯罪人实现了正义的伸张,也通过合理的被害补偿完成了正义的回归,通过这样的司法过程,有助于实现良好的一般行为引导之功能。

一、“赔钱减刑”与威慑预防

一般来讲,刑罚的一般预防分为威慑预防与规范预防。威慑预防强调通过刑罚对那些有犯罪倾向的人产生遏制效应,进而实现犯罪预防,尤其强调通过严刑峻法实现威慑。刑罚是否具有威慑力?或者,刑罚具有的威慑力能否切实威慑到潜在的犯罪人?再者,通过威慑实现犯罪预防合适吗?关于这些问题的争议,自古有之。费尔巴哈在心理强制说的基础上提出了“用法律进行威吓”的名言①。费氏的心理强制说一经提出便

① 费尔巴哈认为,使违法行为中蕴含着某种痛苦,它使具有违法动机的人不得不在违法行为可能带来的乐与苦之间进行细致的权衡,当违法行为所蕴含的苦大于其中的乐时,主体便会基于趋利避害的本能,回避大于不违法之苦的苦,而追求大于违法之乐的乐,自我抑制违法动机,使之不发展成为犯罪行为。参见[德]费尔巴哈:《德国刑法教科书》,徐久生译,中国方正出版社 2010 年版,第 28 页。

受到了众多学者的批评和抨击，他们认为，通过对一般犯罪人的观察，大多数罪犯在实施犯罪之前，是不会停下来斟酌可能的后果，他们往往处于一种自己也无法解释和控制的混沌冲动状态之下，或者一种侥幸心理使然。① 目前较为一致的观点认为，在有犯罪倾向的人当中，只有一部分人会对实施犯罪有诸多考虑，从而使自己适合被“威慑”。并且，对他们而言，不是刑罚严厉性发挥了作用，而是被抓的风险程度发挥了威慑作用，也即刑罚的确定性发挥了更大的威慑作用②。

刑罚威慑通过为违法行为预设法律责任的形式，为行为人创设了在事前放弃犯罪行为的激励。我们不否认刑罚具有威慑力，尽管其可能只对部分潜在犯罪人产生实际的威慑效果，但是，切不能为了实现威慑预防，在具体个案中追求对犯罪人的从重处罚，一味追求以严刑苛法强制国民行为或强化规范意识，这不仅会导致残酷的、不必要的刑罚，还会将犯罪人作为一般预防工具，进而做出对犯罪人的不当评价。使国民的规范意识觉醒和得到强化这一“积极的一般预防目的”可以认为已经在相应的责任刑裁量中得到了体现。③ 良性的一般预防效果可以伴随刑事司法的合理性和公正性产生，刑罚威慑效应的产生离不开一些重要因素。

（一）“赔钱减刑”的正当性与威慑效应

是否刑罚越严厉，就具有越强的威慑效应？这是存在争议的问题，尤其在死刑存废的理论之争中，该问题的争议尤为激烈。在此对该问题不做赘述，只是需要强调，刑罚的强度与威慑效果之间的正相关关系并非绝

① 参见张明楷：《刑法格言的展开》，法律出版社 1999 年版，第 24 页。

② 参见王世洲：《现代刑罚目的理论与中国的选择》，《法学研究》2003 年第 3 期。

③ 参见[日]曾根威彦：《量刑基准》，载苏惠渔等主编：《中日刑事法若干问题》，上海人民出版社 1992 年版，第 59 页。

对的和无条件的，相反，二者关系存在临界点，即罪刑均衡、刑罚公正是刑罚威慑力，进而产生行为引导功能的基础，反之，违背均衡原则，不仅不能收到与刑罚支出成比例的刑罚效益，反而会产生递减效应甚至负效应。历史实践证明，偏离罪责的重刑与民众的正义观、是非观相冲突，会削弱民众对法与不法行为的感受性，降低对法律的尊重和信任，最终导致公众法律情感淡漠和法律思维迟钝，甚至引发抵触和敌对情绪，产生攻击性心理及行为。只有符合民众普遍基本道德评价、罪刑均衡的刑罚才具有正当性，由此才能强化民众的是非善恶观念。因此，与其说刑罚的严厉性与威慑效应存在正比关系，不如说刑罚的正当性与威慑效应存在正相关关系，恰当的“赔钱减刑”司法行为，由于其判决的正当性，有助于司法公信力的强化，进而强化刑罚的威慑效应。

（二）“赔偿”的及时性与威慑效应

贝卡利亚说过，惩罚犯罪的刑罚越是迅速和及时，就越是公正和有益。① 如果惩罚及时，不仅对于犯罪人具有强烈的心理威慑作用，也能让人们感受到法律无处不在，较好地关联罪与罚的关系，增强刑罚的确定性观念；反之，“迟到的正义等于非正义”。对于犯罪人而言，如果在犯罪以后很长都没有体会到刑罚之痛，他从犯罪中得到的快乐体验就会相应增强，不利于对其行为引导。对于一般预防而言，迟到的惩罚会淡化威慑效果，因为伴随时间的推移，人们会逐渐减弱对事件的关注度②，对犯罪事实的记忆和不法性评价会逐渐淡化，甚至变得模糊不清，由此淡化罪与刑

① 参见[意]贝卡利亚：《论犯罪与刑罚》，黄风译，中国大百科全书出版社 1993 年版，第 56 页。

② 很多时候，淡化人们对事件的关注度，或许对于理性对待犯罪，避免掺杂过多感性因素，实现公正理性对待犯罪人具有积极意义。但是，对于实现民众的法制教育而言，越及时追究犯罪人应有的责任，法制教育效果越好。

的必然性关联；反之，犯罪发生以后，犯罪人积极主动的赔偿征表的“自罚”，有助于民众关联行为人的行为的因与果，起到强化法规范的作用。

（三）“赔偿”的确定性与威慑效应

刑罚的确定性是指一个人犯罪后必然要受刑事追究和刑罚惩罚。这是刑罚威慑效应得以发挥的重要条件。关于刑罚确定性与刑罚威慑的关联性，古今中外有许多精辟论述。我国唐代思想家沈颜曾说：“夫赏罚者，不在乎比重而在乎必刑，必刑则虽不重而民戒，不刑则虽重而民怠。”①贝卡利亚认为，对犯罪最强有力的约束力量不是刑罚的严酷性，而是刑罚的不可避免性。② 边沁也曾说过，如果刑罚恰好由罪行之获利而产生，且又是不可避免的，则不会有人犯罪了③。菲利进而明确指出，刑法针对其他各种痛苦而言，处罚的确定性比处罚的严重性对人的影响更大，这是一条心理规律④。民众在表述法律的严苛性与自我约束时，也总以“天网恢恢，疏而不漏”作为自律的外因。质言之，刑罚的确定性对于威慑犯罪具有不言自明的效果，因为，不管对于犯罪人还是普通民众而言，必然而至的惩罚都能够破除其侥幸心理，让人产生刑从罪生、有罪必罚的主观联想。由于制度化的“赔钱减刑”并非犯罪人与被害人之间在法律之外通过私下和解而私自进行的“钱刑”交易，而是在司法机关的审查与认可下对刑罚的有限减免，因此，犯罪人除了需要确定性地承担赔偿“自罚”外，应受刑罚惩罚性仍然是其犯罪行为不可避免的属性。

---

① 转引自梁根林：《刑事制裁——方式与选择》，法律出版社 2006 年版，第 8 页。

② 参见［意］贝卡利亚：《论犯罪与刑罚》，黄风译，中国大百科全书出版社 1993 年版，第 59 页。

③ 参见［英］边沁：《立法理论——刑法典原理》，孙力等译，中国人民大学出版社 1993 年版，第 69 页。

④ 参见［意］菲利：《犯罪社会学》，郭建安等译，中国人民公安大学出版社 1990 年版，第 63 页。

刑罚的确定性不仅内含“有罪必罚”的立法规定，还包括了刑罚执行的必然性，因为刑罚威慑力的发挥离不开判决结果及时有效的执行。从该意义上讲，虽然民事赔偿的初衷是立足被害人保护，主要强调权利救济，但不能否认犯罪人确定无疑地履行赔偿责任所产生的威慑效应。作为犯罪或侵权的法律后果，只要犯罪人责任的承担具有必然性，就具有影响后续行为人理性选择的效果，尤其当赔偿与刑罚并存，就算赔偿不足以抵消罪行，就算其威慑不足，其身后的刑罚还具有补充威慑效果的现实意义。从这个意义上讲，将前述的“刑罚”改为“惩罚”也未尝不可，只要不法行为必然受到及时惩罚，且惩罚量与罪量是对应和相当的，而不管具体的惩罚形式是刑事的还是民事的，是强制性的还是自为性的，都应该对潜在的犯罪人产生相应的威慑效果。犯罪人赔偿是及时的、确定性的个人财产剥夺行为，以财产性利益被及时剥夺的方式，宣告了行为人行为的非法性与应受惩罚性，进而告诫民众，惩罚是一定、肯定以及确定的，由此强化了法的威慑效应，消除人们的模仿心理。

（四）被威慑对象对刑罚的感受性

如果刑罚具有威慑力，那么刑罚威慑的必然是一个个鲜活个体，因此，威慑效应能否发挥以及最终效果如何，事实上也取决于被威慑对象对刑罚的感受程度。个体不同，威慑效果有别，譬如，有些人认为只有剥夺生命才是巨大的痛苦，由此只有用死刑才足以威慑之；而有些人甚至会认为生有何恋，死有何惧，甚至连死刑也无所畏惧。有些人认为剥夺自由的监禁刑就是对人的巨大折磨；而有些人认为监狱是居无定所者的栖息之地，监狱生活可实现衣食无忧；如此等等。但是，毋庸置疑的是，社会文明程度越高，人们对刑罚痛苦性的感受就越深，可选作刑罚处罚的措施就越多样化。威慑对象的感受具有多样性的事实，从一个方面反驳了“赔钱减刑”会削弱刑罚一般预防的论断。

二、“赔钱减刑”与规范预防

事实上,威慑预防虽有遏制犯罪的效果,但由于威慑效果的实现建立在对犯罪人惩罚的基础之上,容易使对犯罪人惩罚的量超出其恶害程度,造成不应有的恶,也违背了一个基本道德准则,即人不能仅仅被当成是实现其他社会目的的手段。伴随社会文明程度的提高,在法律共同体中证明法律秩序的牢不可破,并由此加强民众的法律忠诚度,确立社会行为规则,对于公民行为引导更有意义,刑罚的规范预防由此得到重视。刑罚的规范预防强调通过唤醒和强化国民对法的忠诚,对法秩序的存在力和贯彻力的信赖,从而预防犯罪①。如果犯罪人不能“罪有应得”,犯罪人会觉得自己在与法律的游戏中取得了胜利,守法公民则会产生法律不公的认识,对法规范的有效性和强制力产生怀疑,极端情况下还会效仿之②。群体正义意识的大堤就会崩溃,所以,保证犯罪人得到应有的惩罚是维持社会大众对法的忠诚所必需的。③

如果行为人在实施犯罪后积极履行赔偿义务,由此承认自己所违反的法规范是有拘束力的,该结果有助于一般公民行为引导。详言之,与其无奈于刑事附带民事诉讼判决结果无法履行或者罚金刑实际执行率极低,使普通民众对法律的权威性丧失信任,从而削弱对法的忠诚,还不如

---

① 参见张明楷:《刑法学(第四版)》,法律出版社 2011 年版,第 460 页。

② 按照社会学习理论的观点,尚未犯罪的人发生犯罪行为主要是由于观察学习了其他犯罪者的犯罪方式。这个过程中,人们不仅观察犯罪者的行为方式,而且也知晓犯罪人的行为后果,如果人们观察到他人犯罪行为取得一定的收益,并未受到应有的惩罚,其模仿的意愿便会增强。参见叶浩生:《西方心理学流派与理论》,广东高等教育出版社 2004 年版,第 217 页。

③ 参见吴宗宪:《西方犯罪学说史》,警官教育出版社 1997 年版,第 163 页。

正视并在司法程序上回应犯罪人的主动赔偿行为。因为犯罪人的积极赔偿，宣告了任何人终究敌不过法律的力量，在正义面前终究要低头，犯罪人终究需要对自己的行为负责。刑事司法积极回应犯罪人的主动悔悟与积极赔偿，并附以适当的刑罚处罚，以事实证明法规范的妥当性与有效性，使民众相信，法律终究会得到践行，从而，对法秩序的权威性确信无疑，规范意识得以增强，习得由此得到强化。由于在人的意识层面，人们对道德与法律规范的习得，是伴随该规范不断被实践确证妥当和有效，由此得到强化的，所以，在具体“赔钱减刑”案件审理中，需要法官始终恪守公正理念，谨慎对待犯罪人的积极赔偿，最终使判决结果符合民众的基本价值判断①，由此强化司法公信力。反之，如果司法机关对犯罪人刑事责任的认定结果与民众的公正理念相背离，损害的就不仅是刑法的道德信誉，也将极大削弱社会对犯罪的控制效用。②

质言之，“赔钱减刑”由于确证了法规范的适当性与必然性，并不必然降低刑罚的威慑力，还具有降低司法成本、实现良性的一般预防之效果。但目前而言，“赔钱减刑”在民众眼中被异化为“花钱买刑”“拿钱买命”，这些认识虽不乏误读成分，但当有大量民众这样认为时，却恰说明了“赔钱减刑”的司法推进具有降低刑罚一般预防功能的风险，对此需要警惕。梳理其中的逻辑可发现，因为“善恶有报”等传统观念一直植根于国民心中，“赔钱减刑”预示着破财可以免灾，既然做出的犯罪行为可能基于给付金钱等原因得以减轻或者免除，那么，犯罪的后果便变得不那么可怕，或者不那么确定，刑罚的威慑力遭到降低，伴随“赔钱获减刑”案件

---

① 既不能因为赔偿而过度出让刑罚空间，导致刑罚过轻，削弱法规范的事前预防效果，也不能无视犯罪人的积极赔偿，导致惩罚过剩，进而不公。

② 参见王瑞君：《“赔偿型”刑事司法的反思》，《河南省政法管理干部学院学报》2010 年第 3 期。

的增多，加之民众简单地在赔钱与减刑之间画等号，会动摇一般民众心中固有的“因果报应”“法网恢恢疏而不漏”等观念，从而降低刑罚在民众心中所固有的威慑力。[①] 金钱与刑罚之间的直接勾连关系确易激发公众的不平感与相对剥夺感，导致公众对法律的认同感降低，对法律的信仰和遵从大打折扣。[②] 公众的意见反映着时代的社会正义直觉，而一个事项、一项制度的推进离不开公众的正义直觉，只有对某项制度心存敬仰，内心赞同才会由衷地遵从，所以伯尔曼说：“法律必须被信仰，否则它将形同虚设。”[③]只有搭建了良好的社会道德信誉，该制度才能发挥行为引导和犯罪控制作用，公众不认同，就会削弱刑法的权威性，助长犯罪，不利于社会行为规则的形成和一般公民的行为引导。

所以，应该引起足够重视的是：在对个案进行裁判时，不要忽略刑事司法所担当的对整个社会伦理道德的指引责任[④]。刑法的最显著因素还在于它是一种道德教育和社会化体系，人们遵守刑法不是因为它包含的法律威胁，而是因为公众认为它是合理而至的服从。[⑤] 要建立“赔钱减刑”制度的道德信誉就不能不考虑民众的正义直觉。为此，一方面要祛除民众普遍认为的刑罚越重，则威慑力越大的误解，有效率的威慑应该是“罪刑相适应”或“重重轻轻”的刑罚。针对具有不同罪质、不同社会危害程度的犯罪行为实施轻重有别的惩处，既防止了重刑的滥用，也适时地实

① 参见宋高初：《当代中国刑事纠纷处理过程中的“破财免灾”现象评析》，《法学评论》2010 年第 4 期。

② 参见肖敏：《赔钱减刑的价值危机及其消解》，《华中科技大学学报（社科版）》2013 年第 2 期。

③ [美]伯尔曼：《法律与宗教》，梁治平译，生活·读书·新知三联书店 1991 年版，第 28 页。

④ 参见王瑞君：《赔偿在刑事司法中的理性定位——兼论被害人救济难题的破解》，《内蒙古社会科学（汉文版）》2010 年第 5 期。

⑤ 参见[美]保罗·H.罗宾逊：《刑法的分配原则——谁应受罚，如何量刑？》，沙丽金译，中国人民公安大学出版社 2009 年版，第 196、184—185 页。

现了民众的行为引导和规制。另一方面，更为重要的则是既需要规范“赔钱减刑”的司法运用，也需要强化量刑说理，以消解民众质疑，建立普遍的道德认同。目前刑事司法实践中虽然“赔钱减刑”运行得如火如荼，但是不乏出于化解暂时的矛盾，减少上诉、上访数量的考虑，如果一味强调其短期效用，盲目扩大适用范围，忽略对其合法理的考察，将动摇刑法的基本道德评价，使其面临风险。所以，在符合法理判决的基础上，还需要通过裁判文书的说理内容澄清民众对“赔钱减刑”的误读，不仅要在量刑中使刑罚从轻对应赔钱行为，更要体现出刑罚从轻与犯罪人行为的社会危害性降低、人身危险性降低的关联，加入被害人的意见，将被害人的谅解作为被害得以减轻、社会关系得到恢复的有效证据加以考察。由此，既实现规范和约束司法机关的肆意行为，使判决更好地契合刑法基本原理和量刑原则，也能使判决深得人心，实现其法律效果与社会效果的良好统一，降低一般预防效果被弱化的风险。

第五章 “赔钱减刑”的价值冲突与现实风险

与刑罚并非天生正义一样,“赔钱减刑”亦非天生正当。与自由刑的适用具有相对平等性不同的是,“赔钱减刑”的正当性和有效性均须取决诸多前提条件。透视刑罚发展演变的历史不难发现,原始时期的赔偿之所以被肉刑、劳役刑和自由刑所替代,是因为犯罪人的经济状况、被害人生活窘境等现实境遇都可能导致“赔钱减刑”偏离公正;透视现实司法活动的过程不难看到,加害人与司法部门的“公了”可能伤害被害人的情感,甚至牺牲掉被害人的个人利益;犯罪人与被害人在“赔钱减刑”过程中的“私了”同样可能牺牲公众和国家利益;允诺犯罪人基于赔偿出罪或免刑,轻者可能偏离行为与责任同在的立场,重者则可能导致大涨“金钱至上”之风,衍生司法腐败,破坏法律平等的原则和瓦解法律的道德基础;被害人逐利策略下的漫天要价还容易引发其他风险。即使在当下,“赔钱减刑”在量刑实践中无处不在的司法状态与判决书中被一笔带过的现象,也不时形成鲜明反差;赔偿在刑事和解程序中的牢固地位与作用和民众对此抱以的高度警觉,也同时形成了反差。这些现象是否暴露了“精英司法”与“大众思维”之间的差异性,是否表明根深蒂固的社会报应心理与恢复性司法理念之间存在紧张关系,都有待进一步研判。系统有效规制“赔偿减刑”活动,须清晰系统认知赔偿对于不同主体的价值及其冲突,洞悉量刑实践中存在的现实风险,进而找到逐一对应的解决方案。

第一节 "赔钱减刑"蕴含的价值冲突

一、报应根据与预防目的的冲突

长久以来,对被告人给予剥夺式的痛苦,究竟只是为了满足"恶有恶报"的抽象正义需求,还是为了遏制和预防犯罪的再次发生,是一直存在争议的问题。报应论主张犯罪是刑罚的先因,刑罚是犯罪的后果,二者是一种引起与被引起的关系①。刑从罪生的因果报应思想决定了刑罚正当化的根据在于对已然之罪的报应,为此,格老秀斯曾说,刑罚是因为"所为的一种恶而承受的一种恶之施加"②。在报应论者看来,刑罚的目的在于给犯罪人罪有应得的惩罚,谴责性与痛苦性是刑罚缺一不可的两大特征,通过让罪犯承担痛苦的方法,使他在正义的方式下得到报应、弥补和赎罪③。故而,报应论的基本意蕴在于:犯罪为一种严重的罪恶,刑罚是针对此种罪恶的报应,因此,报应是社会对犯罪人恶行的反应,用刑罚的痛苦来衡平犯罪所带来的恶害④。报应论者将报应作为刑罚目的,将犯罪的恶害及其罪责程度作为决定刑罚报应的唯一根据,必然强调将刑罚的量限制在与犯罪相适应的范围之内,在此基础上建立了罪刑

① 参见邱兴隆:《刑罚是什么? 一种报应论的解读》,《法学》2000 年第 4 期。

② 转引自邱兴隆:《罪与罚演讲录》,中国检察出版社 2000 年版,第 50 页。

③ 参见[德]克劳斯·罗克辛:《德国刑法学总论(第 1 卷)》,王世洲译,法律出版社 2005 年版,第 36 页。

④ 参见陈兴良:《刑法公正论》,《法学研究》1997 年第 3 期。

均衡原则①,并由此强调刑罪相报,有罪必罚,罚必当罪,只有均衡的刑罚,才具有道德基础,才能在罪犯与社会之间建立公平②。

应该说,报应刑论注重国家刑罚权发动的正当性,并且强调刑罚适用中的罪刑均衡,具有防范国家刑罚权肆意发动和保障犯罪人人权的作用。其以犯罪人罪责为基础和标准作为刑罚发动的条件和刑量的基础,是实现刑罚功利性价值的前提。只是,报应刑论以回顾性视角看待犯罪,以犯罪的恶害及其罪责程度作为决定刑罚轻重的唯一依据,终究只是对已然犯罪的一种回应,通过给犯罪人施以痛苦实现对他的清算和赎罪,最终也只是为了单纯满足民众的报复性情感,虽然起到了宣扬法律正义的意义,却不追求任何对社会有用的现实目的。由于欠缺功利性的价值追求,使其理论本身存在明显不足,也与始终保持“向前看”的预防刑论不相协调。

建议在犯罪实证主义基础上的预防刑论者对报应论者坚持刑由罪生、犯罪是刑罚的决定性因素的论断给予了否定评价,认为犯罪行为只是引起刑罚的动机,并非实施刑罚的法律理由,确定刑罚量的根据是为实现预防未然之罪的功利目的所必要的程度。时至今日,越来越多的学者认识到,只有刑罚具有遏制将来犯罪的功效,才使刑罚具有现实意义。质言之,报应和功利形式上的对立与冲突,凸显在其关注视角的差异性,报应着眼于已然之罪,指向是回顾性的,强调刑从罪生,罪有应得、罪刑相当;功利着眼于未然之罪,视角是前瞻性的,强调的是刑须制罪和刑足制罪,或者说,前者追求有序的惩罚,后者追求有效的预防。为此,能否在一次刑罚分配中既体现报应,又关注预防?有学者对二者能否结合持反对态

① 参见刘晓山:《报应论与预防论的融合与分配——刑罚正当化根据新论》,《法学评论》2011 年第 1 期。

② 参见梁根林:《刑事制裁——方式与选择》,法律出版社 2006 年版,第 10 页。

度,指出,报应与预防是对立的刑罚价值,从根本上不能调和①。但更多学者认为,虽然二者视角不同,但是两者的矛盾对立决定了各自的不可替代和相互制约,两者的和谐统一决定了二者可以在一个刑罚制度中同时存在②。因此,理想的刑罚制度应该是对报应和功利进行整合,使报应和功利同时成为国家行使刑罚权的正当性、设定刑罚合理限度的依据,在此共识的基础上,综合刑论应运而生。综合刑论秉持“因为有犯罪,并且为了没有犯罪而科处刑罚”的刑罚分配理念,将报应犯罪作为刑罚分配的正当化根据,预防犯罪作为刑罚发动的目的性根据,在量刑中合并考虑二者。该理念具有合理性,尤其在预防导向的综合主义刑罚论下,仅将罪责原则消极地作为设定刑罚界限的手段③,将预防犯罪作为基本目的,既有助于犯罪预防目的之实现,还确保了实现该目的之手段正当,使刑罚的发动与配置变得既合理又恰当。

遗憾的是,并合主义终究只是为刑罚分配提供了方向性指示,抑或说仅简单罗列了刑罚分配中需要考虑的要素种类,完成了对刑罚根据部分的抽象理论说明,至于具体操作中报应与预防在刑罚正当化根据中的地位如何,主次关系怎样,先后次序如何,都未进行细化④。毕竟二者在价值目标、考量标准都存在差异,在刑罚的适用中如何既满足对犯罪的报

---

① 参见夏勇:《关于量刑根据的反思》,《法治研究》2012 年第 4 期。

② 如帕克认为,功利论因为不注重犯罪人的责任而可能导致基于对刑罚功利的追求而陷入目的正当可以不择手段的泥潭,报应论因为注意了犯罪人的责任,因而可以避免刑罚的这种误区,要使刑罚成为目的与手段都完全正当的措施,对刑罚的功利目的的追求便必须受到责任的制约。具体参加 Herbert L. Packer, *The Limits of the Criminal Sanciton*, Stanford: Stanford University Press, 1968, pp.68-69.

③ 参见贺洪波:《论德国刑法中的“天罚免刑”规则及其启示——以刑罚轻缓化的实现为研究视角》,《刑法论丛》2013 年第 4 期。

④ 参见刘晓山:《报应论与预防论的融合与分配——刑罚正当化根据新论》,《法学评论》2011 年第 1 期。

应,使罪与责相适应,又实现预防犯罪之目的,使刑罚与犯罪预防的必要性相适应;协调和整合报应与预防的关系,进而在量刑中分配对社会危害性与人身危险性的重视程度,便成了现代综合刑罚理论的焦点所在。具体来讲就是,当二者发生冲突时,如何协调二者关系,成为当前棘手的现实问题。比如,当犯罪人的罪行很严重但预防必要性较小,或者罪行较轻但预防必要性较大,如何进行刑罚的分配?甚至,能否单纯依据犯罪人之再犯危险性而延长刑期,直至突破责任刑之上限,以达到剥夺犯罪能力或者隔离社会的效果?这都是裁判者和刑法学者共同思考的理论和不得不面对的现实问题,近年来的许霆案、孙伟铭案、药家鑫案、李昌奎案等都不同程度地凸显了二者的矛盾与冲突,这些案件引发的关于量刑轻重的争论,也均绕不开一个共同的话题——报应与预防的关系协调问题。

这一难题不可避免地存在于“赔钱减刑”的量刑过程中。如前所述,针对犯罪人的积极赔偿,刑罚从轻的正当性根据,既受罪责减轻、报应性需求降低的影响,也是犯罪人再犯危险性小、预防刑降低的基本要求。因此,在综合刑论观念下,行为人的赔偿如果能体现报应性需求和预防性目的的双重特点,尽管赔偿不是刑罚,但在刑罚目的基本理念下,赔偿影响刑罚,甚至部分替代刑罚都会显得理所当然。只是,当犯罪人虽然履行了实际赔偿,但并无真心悔悟,此时的赔偿只具有降低被害损失、减轻报应刑作用时,量刑从轻是否依然正当?或者说,既有赔偿又有真诚道歉、真心悔悟的人相对只有赔偿而无悔罪的人而言,是否一定更轻?如果更轻,刑罚的下限在哪里?而只有赔礼道歉、真诚悔悟而无实际赔偿的犯罪人,量刑从轻,是否存在正当性不足的问题?如何协调和审视赔偿行为所体现出的报应刑和责任刑之间的不同视角,也即有赔偿而无悔罪的行为与有悔罪而无赔偿的行为,哪种犯罪人的“减刑”幅度更大？报应刑论与目的刑论关系协调的问题不解决，这些疑问和操作难题也就一直存在。

二、报应性司法与恢复性司法的内在冲突

美国学者艾伯特·埃格拉斯曾把刑事司法分为三类：报应性司法、分配性司法和恢复性司法。报应性司法主要强调对既往犯罪行为的惩罚；分配性司法强调对犯罪人的改造；恢复性司法则力求通过被害人与犯罪人的积极参与，让被害人得到修复，犯罪人得到改造。① 如前所述，犯罪人赔偿虽具有因罪而罚的性质，是行为人的“自罚”措施，能够在一定程度上满足报应需求，“赔钱减刑”符合报应性司法思维下责任刑裁量的基本要求，但实质上，“赔钱减刑”蕴含的通过赔偿实现被害恢复、被害与加害关系修复、全面正义等理念更多地契合了恢复性司法的基本主张和核心价值，是恢复性司法理念下的刑事法实践。而恢复性司法和报应性司法在犯罪本质认识以及如何对待加害与被害方面存在价值上的差异，“赔钱减刑”的司法推进需直面二者的冲突与矛盾。

（一）报应性司法的伦理根据和基本主张

公平正义是人类永恒的价值追求，诚如康德所言，如果公正和正义沉沦，人类就再也不值得在这个世界上生活了。② 公平正义既是法律的核心特征，也一直是法律演进中不断追求的目标，是法治社会的核心要求，

① 参见[英]詹姆斯·迪南：《解读被害人与恢复性司法》，刘仁文等译，中国人民公安大学出版社2009年版，第74页。

② 参见[德]康德：《法的形而上学原理——权利科学》，沈叔平译，商务印书馆1991年版，第164页。

是司法机关的灵魂和生命。而“正义有着一张普洛透斯似的脸,变幻无常、随时可呈不同之形状,并具极不相同的面貌”。① 报应性司法视角下的正义往往与“惩罚”“报应”关联,将对犯罪的惩罚视为对公平的追求和正义的实现,谓之报应式正义(Retributive Justice)或惩罚式正义(Punitive Justice)。报应论的基本观点是,犯罪是犯罪人的感性之恶,刑罚代表了国家的理性之恶,对犯罪人处以刑罚是以理性之恶还报感性之恶,这是正义最质朴的展现。纵观我国刑事司法进程,一直以来都是以报应正义为主轴,强调以惩罚和报应为手段,以实现正义的回复,该司法理念也一度被视为“应对犯罪最有效、最公正的模式,是实现社会正义的最优进路”②。

对理性犯罪人施予刑罚以实现报应,源于人内心朴实的道德诉求,虽然法律与道德存在显著区别,道德以内化的善恶因果实现自律,法律用国家强制力实现法秩序的维系,但法规范内容的制定和践行却离不开道德因素,法律所遵循的公平正义原则事实上就是道德法则的外化和表征。作为一种真实的道德情感,报应思想强调理性人应当为自己的行为承担后果,所以,面对犯罪,就被害人而言,理所当然地希望对加诸自身的罪恶进行报复,就社会而言,我们需要公权力惩罚那些对他人造成非法伤害或者实施其他我们认为罪恶行为的人。由于这种情感以朴实的是非观念为基础,贴近于同情和保护弱者的人性本能,加之担心自己将来受到犯罪的侵犯而成为被害人,所以民众在理智上更愿意对犯罪倾注更多的关注,该种关注凝结起来便形成了对犯罪的普遍谴责情感和报应心理,该种情感

① [美]博登海默:《法理学、法哲学与法律方法》,邓正来译,中国政法大学出版社 1999 年版,第 252 页。

② 刘孝敏:《恢复性司法:实现社会正义的一种进路》,《江西财经大学学报》2007 年第 2 期。

既产生于内心，便具有合乎情理的道义根据和伦理基础，对刑罚发动具有积极的推动意义。

而仔细观察司法的运作过程，我们会发现，很多时候，刑事司法的裁量过程是多种情感的博弈过程，某种意义上讲，司法过程是对被害人和民众情绪的回应过程。当一个犯罪行为发生时，对加害人的报应情感可分为被害人的报应情感和和民众报应情感两个层面，被害者及其亲友必然是率先做出反应的人，这种反应通常表现为对加害人的憎恶，进而从内心深处希望他得到惩罚，这就是一种报应性情感。这种情感具有原发性和正当性，是人与生俱来且不容易泯灭的一种先天性倾向，如果得不到满足而又无处发泄，就会表现出强烈的报复情感，为了防止私人复仇，预防犯罪，国家一方面要明令禁止复仇，另一方面要采取使被害人及其亲友的报应感情得到满足或缓和的措施，使加害人遭受适当的痛苦当然是缓和这种报应性情感的不二选择。但是被害人的反应不可避免带有主观情绪，终归只是一种个人欲求，不一定具有普遍性和客观性①，因此，仅为安抚被害情绪还不足以成为立法和司法的全部根据，追诉和惩罚被告人，还需要惩罚罪犯成为国民的基本诉求，该惩罚才具有坚实的道义支撑，司法机关对被告人施加刑罚某种程度上是对民众情绪做出反应的结果，或者说是对民众普遍报应情感的满足过程。因此，当民众普遍对一个事件报以与被害人相同的报应情感时，认为对被告人施加的报应是该当且相当时，发动刑罚就昭示着社会主流价值对负价值行为的谴责，刑罚的发动就具有消除民众消极情绪的效果，宣示对犯罪行为的否定评价，回应民众的报应情感成为发动刑罚的重要动力。因此，在报应性司法理念下，民众的法情感与法规范之间是相互建构的关系，民众对犯罪人的普遍报应需求决

① 受害者及其家属表现出来的往往是更为具体和深刻的“怨恨”，普通民众对罪犯的情绪实质上是一种“义愤”，比较而言，后者比前者具有更强的客观性和普遍性。

定了对犯罪人报应的正义性,民众报应情感的强烈与否影响着对该犯罪人刑罚的轻重,社会正义通过对犯罪人实际科处的刑罚得以彰显,法律通过对大众报应情感的回应,体现对民众主体价值和意志的尊重,并将会附加产生一般预防之功效。

由于报应性司法观强调把施加痛苦作为矫正枉行的手段,试图通过对犯罪人的剥夺来达到惩罚与打击犯罪的目的,并始终把维护法律秩序置于核心地位,从而忽略了一个基本事实:有具体被害人的犯罪,其真正的不法在于犯罪行为使被害人遭受了伤害,该伤害并不会伴随对犯罪人的剥夺得以恢复和弥补,犯罪的不正义并未伴随对犯罪人的报应得以消除,报应性司法过程并没有实现正义的回归。

正是由于报应性司法在保护被害人、改造犯罪人以及有效解决冲突、实现正义的实质回归等方面存在缺陷,20 世纪 70 年代开始,北美和澳大利亚兴起了一种新的刑事司法模式——恢复性司法(Restorative Justice)。

(二)恢复性司法的基本理念与价值追求

恢复性司法是在反思与批判报应性司法基础上确立与发展起来的,与报应性司法在价值理念上存在诸多差异。首先,在对犯罪的认识上,恢复性司法突破了传统刑事司法将犯罪定性为是对国家或者社会造成危害的基本认识,强调犯罪不仅是对国家、公共秩序的危害,在有具体被害人的犯罪中,犯罪行为侵害的首要法益是被害人利益,其次才是对国家、社会甚至对犯罪人本人的伤害。其次,面对已然的犯罪损害,恢复性司法的主要特征在于恢复犯罪造成的损失,而非单纯强调报应犯罪人。“恢复”一词意指各方当事人通过“自治”使受损情态恢复到犯罪发生以前的状况,具体体现在:其一,通过对被害人物质上的赔偿和精神上的抚慰实现被害人权益的恢复;其二,对犯罪人而言,向被害人以及社会承认过错并承担责任,通过交出不当利益或“自罚”的方式以恢复过去的平衡,由此,也使自身回归正常的生活状态;其三,遭受犯罪破坏的社会关系在被害人与加害人的共同修复下得以恢复,稳定和谐的社会关系与和平的法秩序再次得以展现。因此,正义被界定为良好的关系,通过结果来体现正义,在寻求抚慰、宽容与和解中伸张正义与实现和平①。这是一种平衡的、整体的正义,强调各利益主体各取所需,获得自己应得利益,以满足各自不同的需求。最后,“无害的正义”是恢复性司法追求的核心价值②。正是由于强调对旧有社会关系的恢复和修补,所以,不同于报应性司法通过剥夺犯罪人利益而不是补偿被害人利益来使冲突双方的关系重新获得平衡。报复性司法的这种平衡是在双方利益都遭受了损害基础上的一种平衡,是用一种社会性伤害代替另一种社会性伤害,是一种更低水平上的平衡,其结果是使社会整体福利水平降低。恢复性司法认为,不可能通过惩罚或矫正犯罪人来弥补被害人的损失,报应性司法所实现的仅仅是有限正义,而非全面的、无害正义,进而主张摒弃消极的仅仅为惩罚而惩罚的做法,转向寻求建立一种更加积极的、旨在实质性地实现犯罪恢复的司法方法,以达到一种“无害的正义”③。

因此,虽然报应性司法和恢复性司法都以实现正义为其不懈努力和始终不渝的价值追求,但是,从更长远和更深层次上看,报应性司法所追求的正义观只是一种片面的和形式的正义,甚至往往为了抽象正义而舍弃个案正义,导致个案的实质不正义;而恢复性司法在正视犯罪本质特征的基础上强调充分满足以被害人为中心的冲突各方的各自需求,在充分

① 参见许福生:《刑事政策学》,中国民主法制出版社 2006 年版,第 175 页。

② 参见吴立志:《论刑事和解在我国司法实践中的完善——以恢复正义理论为视角》,《当代法学》2008 年第 6 期。

③ 刘宇宙:《构建刑事和解制度若干问题探究》,《理论界》2009 年第 3 期。

保障和重视国家和社会利益的同时,突出强调对被害人个人利益的保护和社会秩序的恢复。这是一种更为理性也更为良性的正义,本书亦是在此基础上提倡、赞成在恢复性司法理念下推进“赔钱减刑”司法和理论进程。问题在于,毕竟报应性正义观念根深蒂固,报应性正义的实现路径简单、直观,在民众普遍的报应性司法心理下,强调单纯的惩治犯罪,报应罪犯,符合民众的基本道德诉求,能得到民众的普遍认同。[①] 而恢复性司法对于正义的评价标准和实现需要更高的“司法专业立场”和社会整体福利视角。某种意义上讲,这是“司法理性”与“大众思维”之间的对立与冲突,导致实践中提倡和推动恢复性司法举措难免困难重重,质疑不断,并引发其他冲突。

三、公权与私权的局部价值冲突

在“赔钱减刑”司法活动中,一改被害人在传统刑事司法程序中的边缘化地位,让被害人真正参与到案件审判中,其被害情绪的抒发、对被害人谅解与否的态度都可能对量刑结果产生实质性的影响,这种地位的颠覆性提升,无疑是被害人保护进程中极其重要的进步,但也势必会对传统刑事司法中国家公权力垄断、主宰刑事处分权的现实做法构成极大冲击和挑战,导致国家公权力与个体私权利的局部价值冲突。从实质意义上讲,该冲突与报应性司法和恢复性司法的价值冲突有关,是报应性司法与恢复性司法在犯罪本质观上的差异以及由此差异导致的量刑环节中对待被害人态度的差异。

① 一般来讲,民众面对罪犯接受报应性惩罚,情绪上会表现出集体式的狂欢。他们认为只要坏人得到了应有的惩罚,就是实现了正义,而较少的关注具体个案是否真的实现了实质公平,更不会关注社会整体福利有无得到恢复甚至提升。

公权力垄断刑事处分权的司法实践源于对犯罪本质的认识，认为犯罪是侵害国家和社会的行为，是犯罪人与国家之间的冲突，犯罪人因为其犯罪行为，对国家负有罪责，需承担义务。为此，国家在案件处理上具有绝对的垄断地位，从而将犯罪人与被害人的个人关系搁置一旁，被害人的需求几乎被遗忘或者被国家全权代表了，被害人不仅对刑事司法追诉权的发动没有发言权，对刑事程序的推动没有支配权，甚至国家在对犯罪人分配刑罚时也无需考虑被害人的意愿与需求，被害人处于边缘化的位置，至多以证人身份出现在司法过程中。结果就是，除了判决结果能在一定程度上满足被害人的报复情感外，并无其他。本为犯罪的主要受害人，却对案件的处理没有参与权和发言权，这是被害人在传统刑事法中的尴尬地位。

恢复性司法扩展了犯罪利害关系人的范围，把犯罪界定为既是国家与犯罪人之间的冲突，也有国家、被害人与犯罪人之间的互动，犯罪侵害的不仅是国家和社会利益，更是对被害人利益的侵害，且该利益是相对独立于国家和社会利益的，不能被国家全权“代表”，被害人需要得到弥补，对犯罪的处理应当由国家和被害人共同决定。① 进而主张把被害人当作诉讼中的一极，可以独立于国家追诉机关，提出真正符合自己意愿的诉讼要求。被害人参与的一个重要内容就是，被害人或其家属有权向刑事司法机关表明有关的“处罚立场”。② 该主张提高了被害人的地位，增加了被害人的诉讼权利，发挥了被害人对诉讼进程乃至案件结果的影响力，使刑事诉讼的价值发生了改变，实质上具有了民法化趋向。③

① 参见刘孝敏：《恢复性司法：实现社会正义的一种进路》，《江西财经大学学报》2007 年第 2 期。

② 参见顾敏康：《保护被害人权利：刑事司法改革的新里程》，《法学》2007 年第 6 期。

③ 参见王丽英、杨翠芬：《恢复性司法与“赔钱减刑”的制度化思考》，《河北学刊》2011 年第 1 期。

在国家—犯罪人诉讼的二元格局加入被害人一极，这是对传统刑事法理念的反思与调整，有助于改变被害人边缘化的现实地位，保障被害人利益。面对由此造成的公权与私权的价值冲突，则需要合理调整二者关系。笔者认为，既然犯罪同时侵害了被害人个人法益和社会公共法益，则被害人和公权力机关都应有追究犯罪的权利，所以，无论国家垄断追诉权还是强调被害人私人追诉，都存在缺陷。正当合理的方式是对追诉权进行划分，被害人行使的只能是侵害私人法益的部分，放弃的当然也只能是私诉部分的权利，而侵害社会公共法益的部分，仍应当由国家行使刑事处分权。所以，在有具体被害人的案件中，在充分明确被害人的当事人地位，保障被害人在量刑程序中的话语权的同时，始终应该坚持国家主导刑事处分权的地位不动摇。如果盲目提升被害人的地位，极易演变成以被害人为中心的诉讼模式，进而取代司法机关在公诉案件中的地位和职能，极易导致对国家公权力的侵蚀，有牺牲国家公共利益的现实危险。毕竟刑事犯罪不同于民事侵权，刑事法律关系虽然应该包含犯罪人与被害人的关系，事实上也当然包括犯罪人与国家、社会之间的关系，被害人在刑事诉讼中的地位不能从一个极端走向另外一个极端；犯罪对国家管理和社会秩序的破坏以及国家在实现犯罪威慑中所具有的无可比拟的优越性，均说明了国家公诉的必然性与合理性；诉讼过程不仅应该有为实现“私利”的“私诉”性质，更不能动摇其“公诉”性质，刑事裁判过程除了具有恢复被害利益外，还具有确证法规范，引导教化、约束规范和凝聚感召的功能。正因为国家和公共利益不能完全涵盖个人利益，所以需要在刑事诉讼中突出被害人一极，考虑被害人意愿，使被害人在诉讼中得到人性关怀，由此缓解其被害情绪，加快其被害恢复。同理，也正是因为国家具有维系人类社会公共安全和良好秩序的职责，刑事诉讼有“公诉”性质，故而，不能动摇国家权力机关在刑事诉讼中的主导地位。这是合理二者关系的"度"的要求。

另外,实践中还需要提防被害人参与刑事诉讼方式的异化①。在当前诸多曝光的案件中,不乏当事人通过个人上访或集体上访的方式,甚至网络推手等方式,加入舆论的力量使个体参与进一步演变为公共参与,通过"庭外"参与的方式,对司法机关的刑事诉讼活动施加压力,进而参与和影响刑事裁判过程。这种异化的参与方式不仅影响司法机关正常的审判进程,还会使法官的正义天平在巨大压力下发生倾斜,进而出现个案的实质不公。

不得不说,前述诸多价值冲突一定意义上源于司法"精英思维"与"大众思维"在认识上的差异性,协调司法理性与大众思维之间的关系,有助于前述价值冲突的消弭。"司法理性"与"大众思维"基于专业智识上的差异性导致思维模式与思维习惯上存在不吻合性,进而导致结论的差异性。由此,到底刑事裁判的话语权应该绝对排他地握在"司法精英"手中,还是顺从"普罗大众"的呼声?再者,谁代表了民意?是网络上活跃着的各种主流和非主流声音,还是始终占据政治、经济和文化支配权的权力机构和个体精英?这一直是个争议的话题。2015 年 6 月,一张呼吁"人贩子一律死刑"的图片刷爆朋友圈,该呼吁引发的热烈响应反映出为人父母对人贩的激愤情绪与对安全的极度焦虑心理,道出了民众的一般诉求,这种诉求表达了普通老百姓的朴实情感,它所蕴含的感性情绪也不难理解,甚至不能说该情绪有多么不理性②。但是其情绪化的法治主张

① 学者将被害人不通过正常的法律渠道而是通过其他方式对刑事诉讼活动施压影响刑事诉讼进程从而实现其目的,称作刑事诉讼中被害人参与异化。被害人量刑参与刑事诉讼的异化的具体方式以及现实危害,具体参见余德厚、石磊、袁晶:《刑事诉讼中被害人参与异化之研究》,《法律适用》2014 年第 2 期。

② 虽然从法理上讲,该呼吁确有神话"严刑峻法"之功效,无视罪刑均衡原则等诸多不足和不理性。

遭到了媒体和学院派的批评和讽刺,引发了感性与理性之间激烈的情绪对抗,再度凸显出“司法理性”与“大众思维”之间的深度矛盾和分歧。学者观点认为,精英在意识和观念上轻蔑大众,民众在技术上不能理解精英,其根本原因在于大众的平俗性和精英的职业性,①由此造成了二者沟通不畅。

刑事司法机关“我行我素”的“赔钱减刑”司法活动,尽管遭致民众不断地质疑和声讨,仍然进行得“如火如荼”,充分暴露出“司法精英”与“普罗大众”在思维模式、关注焦点、法律认知水平等方面存在相当的差距。进一步讲,民众与司法观念对报应性司法与恢复性司法理念的差异性认知实际上也是“司法理性”与“自然理性”冲突之产物②,是“法律思维”与“大众思维”诸多差异性特征使然。司法理性作为一种“专业理性”,是以法学专业知识为基础的理性,该知识需要通过专门、系统的职业教育得以获取,正是由于是一种专业的、智识性的理性力量,使它不仅具有一般意义上的“自然理性”,还多了“专业素养”,从而使二者在思维模式、基本视角等方面呈现出差异性特征。

第一,二者在思维模式上的差异性。专业法官的裁判过程是一个高度专业化、紧凑严密的司法三段论式的法律演绎推理过程,也正是这样的专业化过程才保障了司法达至“效果最优”。而“大众思维”好类比,他们

① 参见万毅、林喜芬:《精英意识与大众诉求:中国司法改革的精神危机及其消解》,《政治与法律》2004 年第 2 期。

② 所谓“自然理性”意指“推理性的天赋”,即一般意义上的理智及逻辑思考能力。司法理性是一种“专业理性”,是一种以法学专业知识为基础的理性。司法理性是一种“技术理性”,是一种必须经过长期的司法实践历练和积累方可能获得的理性。在这个意义上,司法理性被认为是一种典型的经验理性或者实践理性。司法理性是一种职业理性,是从事司法职业之群体所共同必备的一种职业素养和技艺,它要求在法官的观念深处蕴含着一种自律的智识性的理性力量。参见江国华:《常识与理性(八):司法理性之逻辑与悖论》,《政法论丛》2012 年第 6 期。

喜欢将性质相似的案例作类比分析，在发现类似案件“同案不同判”，加之“金钱赔偿”等敏感词汇出现时，他们极易抛开个案的实质差异性特征，进而得出个案不合法理的结论，甚至有时候以最坏的恶意来揣测司法机关。

第二，二者关注焦点不同。面对同一案件，甚至同一个行为，司法理性会针对案件本身展开思考，其关注的焦点主要是与案件有关的法律问题，诸如犯罪人的行为有无构成犯罪，此罪还是彼罪，有无违法性阻却事由或有责性阻却事由，有无事后自首、立功、道歉、赔偿等彰显悔罪心理的情节。而民众目光往往聚焦于当事人身份、财富多少等外围因素，甚至不关心案件本身，他们沉迷于研究犯罪人是“富二代”“官二代”还是“星二代”，犯罪人支付赔偿金的具体数额等外围问题。由于刻意或者无意地关注到了一些敏感信息，使他们容易得出较为感性甚至偏激的结论，而网络空间的通病是，越是偏激的观点，其传播速度越快，广度越大，进而导致非正常情绪和结论的急速蔓延。

第三，法官在司法过程中使用的“法言法语”造成了司法精英与社会大众沟通的“话语性障碍”。高度专业的司法过程和专业性结论中使用的高度概括性语言，往往不能被民众很好地理解，导致二者沟通不畅，进一步加剧了司法机关与社会大众之间的隔阂。诚如台湾学者苏永钦所言，司法的高度职业化会使其陷入“法官越专业就越自以为是，民众越不懂就越不信任的困境，使司法的专业性越强，社会的疏离感越强”①。这最终让司法异化为一个远离大众甚至背离常识的自说自话的封闭市场，由这个市场所炮制出来的“裁决”，或许逻辑严密，但却徒具形骸，或者无

① 苏永钦：《漂移在两种司法理念间的司法改革——台湾司法改革的社经背景与法制基础》，载张明杰主编：《司法改革——中国司法改革的回顾与前瞻》，社会科学文献出版社 2005 年版。

法执行,或者无法服众。①

如果高高在上的"司法精英"对于民众发声仅仅只是批评甚至嘲讽,即使有其必然性,但这肯定不是最正确的反应,这种看似客观、理性的态度,其实是理性程度不够的表现,无法最终解决基于思维差异导致的价值冲突。如果不能把大众的呼声转化为更高层次、更有意义与操作性的公共议题,这样的法律、这样的判决如何"取信于民",何言犯罪的一般预防?毕竟,民众呼声恰恰反映了国民的法治水平现状和简单朴实的思维模式特点。针对此,"司法精英"不应存有智识优越感,相反,应该追求司法专业智识与大众常识的互动与沟通,司法机关不是民意机关,司法判决不必刻意迎合民意,但必须关注民意,体恤民意,使刑事判决始终不违背基本的情理,因为"法律本来是世俗的活动,为了解决人们的纠纷,与人们的社会生活紧密相联系"。②"法律与情理之间始终有着剪不断、理还乱的关系"。③ 况且,公众的意见还反映着时代的社会正义直觉,而司法体系与社会正义直觉越吻合,其道德信誉越高;它越偏离经验主义惩罚,并对偏离就越不在乎,其道德权威就越低。④ 刑法道德权威最终直接或间接地影响着公众对刑法的遵守。"法律不外乎人情",拉近二者的距离,相互贴近对方,强化二者的沟通与平等对话,方是正确对待当前质疑的正确态度与做法。

昂格尔曾说,公平愈是屈从于规则的逻辑,法律与老百姓正义感之间的差距就愈大⑤。为使法官不至成为一个脱离民众的我行我素、特立独

① 参见江国华:《常识与理性(八):司法理性之逻辑与悖论》,《政法论丛》2012 年第 6 期。

② 苏力:《法治及其本土资源》,中国政法大学出版社 2004 年版,第 153 页。

③ 张永红:《我国刑法第 13 条但书研究》,法律出版社 2004 年版,第 42 页。

④ 参见[美]保罗·H.罗宾逊:《刑法的分配原则——谁应受罚,如何量刑?》,沙金丽译,中国人民大学出版社 2009 年版,第 185 页。

⑤ 参见[美]R.M.昂格尔:《现代社会中的法律》,吴玉章等译,中国政法大学出版社 1994 年版,第 191 页。

行的异类群体,首先,需要法官"在仰望法律星空时脚踏社会现实",在案件审理中不应只是对刑法条文的机械照搬,需要在法官思维中渗入更多的生活理性和个人温情,并通过自觉调适,在个案中自觉关照立法目的和实体正义,让"日常理性"渗入司法过程,使裁判过程大众化,裁判结果除满足形式逻辑外,还契合民众的正义直觉,合乎实质正义,实现形式理性与实质正义之衡平。通过植根于社会伦理和善良内心的公正判决增强民众对司法机关的认同,强化司法公信力。其次,面对司法精英与普通民众的"语言障碍",既需要将"专业术语"翻译成"大众话语",使呈现在民众面前的专业化过程变得更为直白,从而疏通司法机关与社会沟通之梗阻;也需要将"大众意见"提炼成"专业问题",促成社会信息向司法系统的回流,通过司法理性和大众思维的循环与互动,实现大众理性化和精英世俗化之间的沟通与平衡。

在裁判文书上网的现实背景下,祛除了司法文书的神秘面纱,满足了将裁判文书置于阳光下"晒一晒"的民众诉求,这是司法公开进程中的一大进步,也为拉近司法与大众距离,实现"司法精英"与"普罗大众"的平等对话提供了良好契机。但这一举措为法官的判罚说理提出了更高要求,也为民众评判和质疑案件提供了更多机会。面对此,司法人员要正视质疑,回应质疑,不畏惧舆论,因为舆论在某种程度上也是一种监督方式,可以为法律提供正当性证成。① 而且,这种互动过程还有助于拉近职业法官与普通民众之间的距离,有助于向民众展示法律思维的逻辑过程,推进民众对法治意识形态的认同,推动大众思维参与进法律思维,让法治思维逐渐成为民众习惯,坚持以事实为依据,避免被情绪鼓动,被碎片化的信息所绑架,从而实现法律思维与大众思维的良性互动。

---

① 参见柳一舟:《法律思维与大众思维关系的失真与还原》,《湖北警官学院学报》2015年第4期。

第二节　“赔偿”活性渗入刑罚带来的现实风险

由于“赔钱减刑”司法活动关联前述诸多价值冲突，导致虽然“赔钱减刑”具有较充分的法理依据和价值根据，但是在司法操作中因为牵涉太多因素，进而存在诸多现实风险，引发民众质疑。媒体和民众的质疑与反对之声大多出于道德直觉，并没有复杂的推理过程，具有朴实性和客观现实性。为此，在实践推进和理论证实“赔钱减刑”的过程中，不仅不能回避这些质疑和反对意见，更需要在这些声音之下客观分析“赔钱减刑”可能招致的现实风险。因为刑事立法和刑事司法的道德信誉与权威的建立不能不考虑民众的正义直觉①。

一、为逃避制裁“赔钱消灾”的风险

由于“赔钱减刑”理念源于保障被害人，实现被害人的利益恢复，为最大可能保障被害人利益，司法过程必然充满利益权衡与妥协，“赔钱减刑”的司法推进过程实际则是被害人、被告人和司法机关博弈的过程。参与各方具有不同的利益诉求，对于被害人而言，除个别报复情感异常强烈外，大多数被害人具有求偿诉求，他们需要从犯罪人的赔偿中得到物质补偿和精神安抚，而被告人具有通过自身积极行为换来刑罚轻缓的诉求。为满足各自的诉求，被害人和加害人的逐利策略相互为用，通常的做法便是由被害人与被告人于量刑前达成赔偿协议或者完成现实赔偿，结果便

---

① 参见王瑞君：《赔偿在刑事司法中的理性定位——兼论被害人救济难题的破解》，《内蒙古社会科学（汉文版）》2009 年第 5 期。

是，犯罪人赞成支付被害人相当的赔偿金以换来刑罚的轻缓，被害人获得差额、等额甚至超额的赔偿金。而长期面临案件上诉、抗诉、再审、执行、上访等压力的司法机关，为缓和两者紧张关系，减轻上访压力，也会同意甚至极力促成双方达成赔偿协议。这些协商和妥协由于建立在主体自愿基础上，具有互动、互利性，最终被害人、被告人、司法机关三者一定程度上实现了“皆大欢喜”，做出牺牲的只能是国家刑罚权。对公众而言，通常在一个行为侵害了个人法益时，公众更容易同情被害人境遇，因而更容易因加害人赔偿直接被害人而忽略公共利益受损的情形，最终可能导致国家和社会公共利益受损。

事实上，此时国家为了实现被害人利益的恢复，以及加害和被害关系的修复，合理出让一部分刑事处分权无可厚非且仍在责任刑和预防刑语境之中，因为，在被告人罪责一定的前提下，不管是罪刑均衡的刑事法理念还是朴实的一般道德正义感，都会赞同在被告人赔付之后刑罚从轻，否则便是过剩刑罚，也会现实地招致犯罪人履行赔偿义务动力之不足。但司法操作中的现实风险在于，极端情形下，如果实践中国家刑事实体处分权退让太多，只要被害人满意，就不判或者判处被告人较轻刑罚，或者被告人以支付相当数额的赔偿金为砝码，与司法机关“讨价还价”，甚至手握裁判大权的司法机关以出让国家刑罚权的方式换取不当利益，等等。这无疑是将国家拥有的刑事处分权交由被害人，狭隘地将犯罪视为加害人与被害人之间的关系，结果是在提升了被害人地位、实现了被害人个体正义时，却忽略了社会正义、国家整体利益和社会不特定其他人的利益，最终导致犯罪人为了逃避基本的刑罚惩罚而将赔偿作为“消灾”的手段，使犯罪人最终遭受的惩罚偏离其责任刑与预防刑的范畴。这种情况尤其存在于贫穷被害人的场合，由于被害人生活窘境、犯罪人经济条件良好可能使双方基于“各取所需”，最终导致“赔钱减刑”偏离公正的基本要求，这便是矫枉过正了。

犯罪人支付被害人一定的赔偿金,由此换来被害人的谅解,可以作为被害恢复程度以及犯罪社会危害程度降低与否的标志之一,在量刑中予以考虑。但是,如果犯罪人企图以支付赔偿金的方式达成“赔钱消灾”的目的,逃避应有的刑罚制裁,被害人则因获得赔偿而要求轻判或不判犯罪人,干涉司法裁决,其实质是绑架公意,是以个人名义放弃其无权处分的公共利益部分①。如果允许被害方与被告方“交易”,虽维护了被害方的利益,却是以牺牲整个社会的公平信念和国家法律的尊严与权威为代价的,以妥协换取安宁,最终导致由于受害人的过度宽恕造成法律的社会目标受损。

为此,一方面需要关注被害人利益的恢复和被害心理的安抚,切实保障被害人利益。另一方面,还需要强调国家刑事实体处分权不动摇的基本理念,切实捍卫法律尊严和权威,无论赔偿还是刑罚都不能因“私法益”的满足而忽略“公法益”的实现②,使量刑过程始终是国家刑事司法机关在对犯罪人责任刑和预防刑核算之后分配刑量的过程,直面犯罪人积极主动的赔偿行为,并对此做积极评价。但赔偿行为也仅仅是诸多量刑情节中的一个情节而已,可视为犯罪人客观实害减轻和人身危险性降低要素对待;将被害人的谅解行为视为完成了被害安抚、犯罪损害减轻的客观依据,在量刑中予以考虑,但是最终能否产生影响,产生多大的影响,必须由代表国家公权力的司法机关予以确认。

---

① 贝卡利亚曾旗帜鲜明反对个人宽恕,他在其著作中论述道,有些人免受刑罚是因为受害者方面对于轻微犯罪表示宽大为怀,这种做法是符合仁慈和人道的,但却是违背公共福利的。受害的公民个人可以宽免侵害者的赔偿,难道也可以通过他的宽恕同样取消必要的鉴戒吗?使罪犯受到惩罚的权利并不属于某个人,而属于全体公民,或属于君主。某个人只能放弃他那份权利,但不能取消他人的权利。参见[意]贝卡利亚:《论犯罪与刑罚》,黄风译,中国大百科全书出版社 1993 年版,第 59 页。

② 参见戴昕:《威慑补充与赔钱减刑》,《中国社会科学》2010 年第 3 期。

二、为“赔钱减刑”贿买司法的风险

从目前司法实践看，某种意义上讲，“赔钱减刑”的司法实践还处在摸索阶段。从法规范层面看，犯罪人赔偿仅是酌定的量刑情节，关于“赔钱减刑”的规定是模糊、抽象的，缺乏具体性和可操作性，立法中并无诸如“犯罪人赔偿应当从轻或者可以减轻”之类的规定，虽有部分司法解释确认可以依法将被告人赔偿作为酌定量刑情节予以考虑。但是，如何适用、适用范围多大等都未做具体限定，当然更没有关于赔偿数额与从轻幅度、赔偿时间与从轻幅度以及被害人谅解程度与从轻幅度等的具体规定。毋庸置疑的是，不能要求立法或司法解释对上述内容做具体规定，并由此框定法官行为，这既不现实也不合理，违反具体问题具体分析，以及量刑个别化的基本要求。合理的做法是赋予法官一定的自由裁量权，自由裁量权是在法律规定缺失或不明确的情况下，法官在审查具体案件事实的基础上，依照法律基本原则和精神进行裁决的职权。① 赋予法官自由裁量权可以弥补法律语言的抽象性和社会现象具象性之间的矛盾，但既然是赋予法官的一项自主决定的权力，则意味着法官在职权范围内按照自己的判断做出裁决合乎法律规定，法官秉持公正、理性与良知对案件做出符合立法理念和正义精神的裁决，这是应然状态。但毕竟这一赋权使法官事实上手握令箭，而“一切有权力的人都易滥用权力，这是万古不易的一条经验”。② 所以，赋予法官自由裁量权，追求量刑个别化又暗含风险，赋予法官自由裁量权也蕴含着权力被滥用，导致“司法腐败”的可能，而关于司法腐败的巨大危害，培根认为，一次不公的判决比多次不平的举动

① 参见丁德昌:《法官良知:司法公正的原动力》,《法学论坛》2015 年第 3 期。

② ［法］孟德斯鸠:《论法的精神》,张雁深译,商务印书馆 1994 年版,第 154 页。

为祸尤烈,因为这些不公举动不过弄脏了水流,而不公的判决则败坏了水源。①

波斯纳曾把法官自由裁量权里面需要考虑的要素比喻为“黑箱”。黑箱里的成分复杂多样,法律也许只是其中一种,许多诸如道德、政治、法官个性以及外部压力等非法律性成分起着重要作用,甚至决定着自由裁量的结果②。在“赔钱减刑”的司法裁量过程中,还“明目张胆”地加入了金钱成分,使“黑箱”变得更为复杂难测和敏感。犯罪人为了获得最大程度的量刑从轻,必然会想方设法进行“交易”,通过主动积极地赔偿,完成“自罚”由此换来刑罚的从轻,这种“交易”的结果如果仍在报应刑和预防刑范围内,则具有合法理性。但是,如果犯罪人在刑罚最轻化带来的巨大诱惑下,通过“贿赂”法官或者受害人的方式,通过“交易”换取低于责任刑和预防刑总量的刑罚,则会给法官带来极大考验,因为法官手握自由裁量的大权,由此增加了权力寻租机会,使这种“交易”变得可能和“有利可图”。由于这种“交易”的最终结果实现了加害人、被害人和法官三方的“皆大欢喜”,并且还打着维护被害人利益的美丽幌子,在宽恕、互利与和谐的美好名目下发生,使这类“司法腐败”带有更强的隐蔽性。

不得不说,“司法腐败”的产生和存在不是因为有“赔钱减刑”的出现导致的,杜绝“司法腐败”是一个法律问题,也是一个制度性问题,需要制度性的配套建设,也需要不断提高法官素质和职业良知。但是,“赔钱减刑”中各要素的敏感性加剧了现实中“贿买司法”的风险,由此需要配套分析各赔偿要素与刑罚从轻之间的关联性,最大限度地杜绝权钱交易、“花钱买刑”。

---

① 参见[英]弗兰西斯·培根:《培根人生论》,何新译,陕西师范大学出版社 2002 年版,第 216 页。

② 参见[美]波斯纳:《法理学问题》,苏力译,中国政法大学出版社 2002 年版,第 27 页。

三、被害人漫天要价或虚构事实的风险

现实中,大多数学者和民众对"赔钱减刑"的谴责和质疑多集中在该制度容易导致犯罪人为逃避刑罚"赔钱消灾",使最终的罪与罚总量不均;或者担心法官自由裁量权过大导致权钱交易,造成司法腐败,从而破坏公平原则。少有人关注被害人以此要挟司法、控制司法进程和干涉司法结果,由此为司法工作带来新风险的问题。遭受具体犯罪侵害的被害人应该得到应有的赔偿甚至超额补偿,以弥补其犯罪损害,对此,笔者深以为然,但现实中并非不存在被害人夸大其损害程度,以不谅解相威胁,向急于获得"减刑"的侵害人漫天要价,以此"交易"司法判决,可能使自己最终获得的赔偿大大超过其实际受损程度,成为在犯罪中实际获利的人。需要引起重视的是,如果被害人以此要挟,肆意干涉甚至操作司法,要求"不赔不减"甚至"不赔就加重"等,就是对国家刑事处分权的侵蚀,导致其他的现实风险。

大量实践证实,在有具体被害人的案件中,极端的情况是,有些案件由于过度强调受害人的参与和意见,受害人因此有了"敲竹杠"的机会,被害人在缺乏监督的环境下,肆意漫天要价,法官可能基于息事宁人的目的,一味出让刑罚,使法律被庭外"勾兑",导致新的不均衡。考察各地已有的"赔钱减刑"案例可以发现,现实中存在的普遍现象是:如果受害方没有原谅犯罪人,法官往往不敢采用"赔钱减刑",即便犯罪人支付了超额赔偿。以2009年的"杭州飙车案"为例,该案中,即使犯罪人家属在量刑前与被害人家属达成了远高于法定赔偿数额的高额赔偿协议,但由于没有获得被害人家属的谅解,被告在定罪为交通肇事罪的基础上仍然被判处了偏重的刑罚。该案事实上表明了受害方掌握着"赔钱减刑"的主

动权，被害人这样的现实地位导致了实践中经常发生被害人为了争取较多赔偿金，以不谅解而增加犯罪人刑罚相威胁，与犯罪人及其亲属讨价还价或者为获得高额赔偿虚构或夸大损害事实。这样的过程和结果使钱刑交易直接化和公开化，严重损害了法律的公正性。

该风险之所以现实发生着，与我国司法机关面临的上访压力分不开，正所谓“司法妥协的缘由，往往是社会现实对司法机关的倒逼”。当下中国，社会稳定是现实对司法权最核心的制约，也是对司法人员执法能力最严峻的考验。① 基于息访维稳和完成考核等现实需要，司法机关往往谈“访”色变，对上访问题的处理显得紧迫而棘手，在面临被害人以上访为要挟时，法官迫于安抚被害人的需要往往会做出让步和妥协，典型案例如2012 年网络上广为流传的“死刑保证书”案件，可算得上一件国家司法机关与被害人“交易”，最终司法权妥协于被害人的典型事例。该案件大致情况是，2001 年 8 月，河南叶县邓李乡 13 岁的女孩郭晓萌（化名）被害，同村的李怀亮随后因涉嫌杀人被警方抓获。因李怀亮涉嫌故意杀人案一直因证据不足而无法定案，被害人的父母为了督促有关部门，曾多次上访。2004 年 5 月，由河南省平顶山市中级人民法院主持、村干部见证的情况下，被害人家属以保证不上访要求法院进行判决。在这份所谓的“死刑保证书”中，死者家属保证只要判李怀亮死刑或者无期，就“不上访”。2004 年，河南平顶山中院判处李怀亮死刑，但这份死刑判决因“证据不足”最终被河南省高院撤销②。而现实中信访制度存在“不闹不解决，小闹小解决，大闹大解决”的潜规则，对此，执法机关和被害人都心知肚明。这导致刑事司法判罚从一个极端走向了另一个极端，又将导致新的不均衡，引发不公。杜绝该风险的发生，需要在赔偿数额与具体的损害

① 参见张敬博：《化解矛盾不能偏离法治的轨道》，《检察日报》2012 年 6 月 11 日。

② 参见 http://baike.haosou.com/doc/5382934-5619313.htm。

程度之间建立关联，使对犯罪人的赔偿始终围绕被害人已然的损害展开，最终以赔偿填补损失，由此，被害人漫天要价的不良后果可以得到相当程度的降低。故而，司法裁量过程中，针对具体被害人的物质损失，应通过对损害之物市场价值的一般衡量得出具体赔偿数额；针对犯罪造成的被害人人身损害，以帮助积极治疗与合理的误工费用为基本标准，考量犯罪赔偿数额；针对犯罪行为造成的精神损害，除了赔礼道歉、真心悔悟之外，积极主动支付赔偿金，通常是良好的心理安抚手段，也常常成为犯罪人主动赔偿的对象，目的是为了换得被害恢复，安抚被害心理，得到被害人谅解，此时的赔偿数额应以精神安抚所必需的费用为限。

与规制刑罚的道理相同，规避上述风险是合理规制“赔钱减刑”做法的问题，不是将其隐入司法内幕，理论上或避而不谈或基本否定的根据。一方面，在理念上以及法规范层面，需确认赔偿与刑罚具有痛苦的共性，因而有合成责任的可能。既肯定犯罪人主动赔偿之于责任刑与预防刑裁量的积极意义，也不肆意夸大赔偿在惩罚体系中的地位和作用，将赔偿以“恰当”的方式归入量刑责任主义之中。另一方面，基于“赔钱减刑”价值冲突与现实风险之间的关联性，为有效防范风险，根本的措施是进一步消解适用过程中存在的价值冲突。同时，针对具体风险而言，鉴于“赔钱减刑”的复杂性和敏感性，细致分类赔偿情形，清晰赔偿范围，系统分析加害人赔偿与其他和解方式的并用，才能真正回归刑法的价值立场。

第六章　结　论

赔偿在刑事司法中的地位应该得到重视,“赔钱减刑”的正面价值应该得到认可,与此同时,“赔钱减刑”存在的价值冲突及易招致的现实风险也应理性对待。解决“赔钱减刑”价值冲突的根本措施是要回归刑法的公平、均衡与人性立场;应对“赔钱减刑”的现实风险则需要具体清晰不同赔偿要素的征表意义,进而逐一寻求解决方案。通过确认“赔钱减刑”的价值立场可以发现,“赔钱减刑”的实质是突破民法和刑法部门法的严格界限,将民事措施渗入刑事司法活动,以刑民混成的方式完成犯罪后果的承担。将“赔钱减刑”问题上升至“刑民”问题的高度进行讨论,既是对“赔钱减刑”的价值升华,更是从更高层面揭示和还原“赔钱减刑”的正当基础,还是进一步构建“赔钱减刑”司法制度的价值基础和法理依据。

第一节　引民入刑:回归刑法的人性基础

人类刑法史经历了刑罚由残暴走向人性的变革,伴随这样的历史进程与现代社会对人性的普遍关注,刑罚的“轻缓化”愈发得到国际社会的重视。由于中国刑法根基中对人性关注的长期匮乏,使得中国刑法难以获得普遍的道德认同和伦理支持,从而在现代化征途中步履蹒跚,举步维艰①。究其原因,当今中国刑法的道德本质是提倡“舍己为人”,指向性的行为规范大多是摒弃自我、抑制个人愿望以满足社会公共利益和国家整体利益。毋庸置疑,“舍己为人”的道德观值得鼓励,也应该获得赞许,但如果将其作为行为约束规则,对个体而言,则未免过于严苛。现实中,正是由于中国刑法强调如此“高洁”的伦理道德,不仅导致个人权利保护与宽容精神的缺位,而且导致了我国刑法在立法选择、制度安排和司法实践层面要么宽之无度,要么严之无情的现实状态。只有将社会秩序拉回个人权利保护的层面,才可促成刑法保护的复位。

人性不仅是人类道德的基础,也是刑法走向现代化所必须立足的基础和关照的对象。作为自然属性与社会属性的统一,人的本性,不管是“利己”的抑或“为他”的,本为自然之产物,以宽容的眼光看待社会人的行为,用联系的眼光看待个体行为,就是回归刑法的人性基础。这一立场意味着不仅要尊重和奖赏人性中的“利他”表现,而且要在普遍人心理可承受的基础上以宽容的态度对待人性中因“利己”而弥补其害的选择。进而,现代社会对于人性的引导,至多是对人的行为给予合理的限制和指引,以最大限度地推动和引导人性向善发展。现实中,担当这一重任的,通常是道德与法律,道德通过内在自律实现对个体行为鼓励、引导及限制,法律则以外在的强制形式完成对行为的规制和道德的引导。刑事法律中的制度设计和司法运作,也应该立足人性的基本特征,不仅要实现对个体失范行为的规制和普遍的道德宣扬,内容设计上还应包含对人的需要的基本满足,此处的“人”既为抽象整体,更包含具体个人,甚至包括犯罪人。对于具体个人的基本需求,只要没有超出社会的容忍限度,刑法就

① 参见田宏杰:《宽容与平衡:中国刑法现代化的伦理思考》,《政法论坛》2006 年第 2 期。

应对其心怀宽容,因为,人性中存在的逐利特性、利益最大化要求等往往是行为人行动的强大原动力。基于此,民事法律强调通过平等、对价与有偿等手段调整平等主体之间的人身和财产关系,并实现个体权利的救济和纠纷的解决,民事责任也通常以财产补偿为主要内容,以尊重和体现对个体价值的保护与重视;有具体被害人的犯罪行为,作为升级版的民事侵权行为,面对已然的犯罪,刑事法需要调整的对象除了犯罪人与国家关系外,当然还有犯罪人与被害人之间的关系,为此需要强调对个体利益和需求的基本尊重和满足,民刑共有的人性基础也为刑民融合提供了前提和基础。"赔钱减刑"虽具有交易性质,却是对人性的基本回归,部分实现了遵从人的内心意愿,依据"人性"行事的基本主张,也由此实现了对个体利益的关注。

一、"赔钱减刑":以司法权的有限退缩换取被害恢复

面对已然的犯罪损害,报应性司法总是希望通过对犯罪人施予刑罚的方式实现对其罪行的清算,恢复被破坏的平衡感和法秩序,所以,报应性司法视野中,只有"国家—犯罪人"的单向惩罚型结构模式,刑罚执行完毕,犯罪人利益被剥夺,犯罪人与国家之间便"两不相欠"。需要承认的是,"恶害相抵"的报应性司法强调对犯罪"恶"的否定和惩罚,有其伦理基础,具有正当性,但客观上,"两恶不能相辅而为善"①,只能造成恶的叠加,从而形成更大的恶性效果。从该意义上讲,"恶害相抵"又是不正义的,如果在对加害人实施"夺其所得"时,却忘记了对被害人"补其所失",有时甚至以牺牲被害人的期待利益来达成国家与加害人之间的利

① [美]小拉什·多兹尔:《仇恨的本质》,王江译,新华出版社2004年版,第226页。

益平衡，那么，最大的不当与不人性就在于其所追求的价值目标脱离了个体需求，忽略了遭受犯罪直接侵害的具体被害人，忽视了被害人个体利益的实质满足。

罗尔斯认为，正义是社会制度的首要价值①。犯罪实践表明，许多犯罪不外乎是民事侵权行为的“超级版”严重样态，对于民事侵权导致的危害结果，民事法律尚且殚精竭虑地加以保护，如果刑事法律推诿甚至漠视犯罪被害人利益，明显不符合法律维护公平正义的基本内涵。恰当的做法是，兼顾刑事制裁与民事救济的分配比例，制裁犯罪人并最大限度地救济被害人以均衡二者利益。“赔钱减刑”的实质是在犯罪人认罪妥协和积极合作的前提下，在一定范围内利用国家刑罚权的部分退缩与让步换取犯罪人对被害人的积极赔偿，虽然从结局来看，可能会让犯罪人承担责任的性质变得有些模糊，然而，责任内容却由此得以充实，实际效果就是尽量弥补了被害人的损害，实现被害恢复。故而，“赔偿减刑”立足被害保护，贯穿了对个人尊严与需要的实质关切，在关注个人法益并有效满足个体需求的视野下，通过公权力的有限退缩来换取被害损失的有效恢复和主体性地位的满足，最终结果，既在责任刑和预防刑范围内实现了对犯罪人的均衡量刑，也有效满足了被害人的实质需要，突出体现了刑法关怀私权的人本主义思想。

二、赔偿与刑罚互动：责任限度内的宽容

哈贝马斯指出，宽容是自由主义的最高价值之一，包含了对人性的关怀而被视为一种美德。但宽容不是无原则的容忍，只能在责任原则的限

① See John Rawls, *The Theory of Justice*, Cambridge: Harvard University Press, 1971, p.3.

度内有条件的行使。[1] “赔钱减刑”所践行的恢复性司法理念实现了刑法的正义性与宽容性的圆融自洽，恢复性司法理念下，犯罪人伴随真诚悔罪、积极道歉的赔偿行为，可以换来被害人的宽容与谅解。甚至，基于被害人犯罪损害的减轻和被害心灵的安抚，以及犯罪人的自我重塑过程，社会对犯罪人态度也可能从集体的仇恨与排斥转向适当的接纳。“赔钱减刑”过程，实质上允许利益各方在合理限度内实施一定程度的“交易”，通过责任取向的赎补性、责任效果的复和性最终换来社会关系的有效修复，赔偿与刑罚的良性互动表达了刑事法律的宽容性品格。

而刑法的谦抑是指“应当力求以最小的支出——少用甚至不用刑罚，获取最大的社会效益——有效地预防和抗制犯罪”[2]。按照谦抑性司法的观点，刑法作为公法和其他部门法之保障法，是穷尽其他方法仍收益甚微或无收益后不得已采用的方法。西方发达国家主要通过非犯罪化和非刑罚化途径践行刑法的谦抑性理念。“赔钱减刑”在承认犯罪人赔偿具有“自罚”属性之基础上，肯定犯罪人的民事赔偿可以换来刑罚的轻缓甚至刑罚发动的犹豫，进而以少用甚至不用刑罚，代之以刑民混成的方式践行了刑法的谦抑理念。当刑事责任与侵权责任进行内容接轨与功能互补时，可在实践中实现预期的价值目标和社会效益的最大化[3]。通过对犯罪人主动承担民事赔偿责任的认同和回应，还原了刑事法律其他部门法“保障法”的本质。

立足具体犯罪侵害法益的多重性，行为方式的多样性，犯罪人主观责任的差异性以及对被害人个体利益的深度关切，对犯罪人处遇不一定只

① 参见邱兴隆：《刑罚的哲理与法理》，法律出版社 2003 年版，第 154 页。

② 陈兴良：《刑法哲学》，中国政法大学出版社 2004 年版，第 6 页。

③ 参见李兰英、蒋凌申：《论“因侵权而犯罪”与“因犯罪而侵权”》，《现代法学》2012 年第 4 期。

有单一的刑罚措施，在使用得当的情况下，引民入刑，以刑民混成的责任方式，使犯罪的复杂性与刑罚、付随性刑事处分、赔偿等多种后果相对应，可以在一定程度上呼应人性本质，满足不同主体需求，体现刑法的多元化价值。将赔偿引入量刑考量，民事行为渗入刑事司法过程，既表达了责任与惩罚的均衡，更是对单纯报应性刑罚理念的突破和价值升华，将关注的目光投放到具体当事人身上，将被害人作为制度设计的主体之一，加入对被害修复的考量和被害人的主观体会，使最终的判决结果不仅更为客观，进而适度，在此基础上形成的新的“恶害相抵”也更为周全和人性。引民入刑，刑民的混成是面对犯罪的应有反应，体现了作为公法的刑法对单个个人的基本关照，将恢复性理念融入惩罚性司法，是在刑罚中渗入更多的人文关照，是直面人之特性所做出的基本回应，是回归刑法的人性基础，是把对人的尊严及利益的实质关切作为刑法的基本价值追求；是民法所追求的对人的尊重、对人权的保障精神在刑法发展中不断被认同的过程，也是公民个体权利得到国家公权力尊重的必然结果①；是更关注人权、人道与人性的基本践行，是由政治刑法向市民刑法转变的基本体现。关注并合理满足被害人，尊重个体“人性”特征的基本理念应该引导和制约“赔钱减刑”制度的建构与赔偿效度的考察。

第二节　“赔钱减刑”的风险防范

在上述基本价值定位和理念确认的基础上，立足“赔钱减刑”可能遭致的现实风险，通过具体化的风险防范完善对“赔钱减刑”的制度建构，

① 参见张洪成：《非刑罚处罚方法论要——以赔偿损失为视角》，《福建政法管理干部学院学报》2008 年第 4 期。

既是对前述价值的实践践行,将“赔钱减刑”框定在上述语境下讨论与设定,也是为了更为合理地划定边界,防止过度扩大其功效和范围。

具体而言,在制度建构层面,首先,需要以立法的形式完成对“赔钱减刑”的“正名”;其次,需要具体梳理个案中不同赔偿情节的判罚根据,澄清不同赔偿情节引发的差异性量刑结论,确立赔偿数额、赔偿时间、赔偿主体、赔偿效度等因素与量刑之间的关联;最后,需要确立“赔钱减刑”的程序规则,明确“赔钱减刑”适用的案件类型、适用阶段等,以规范其程序运作,避免适用中的混乱,并辅以透明司法,通过强化说理,帮助民众认识和梳理出从“赔钱”行为到量刑“从轻”裁决之间更多的中间环节,进而释明“赔偿”如何影响刑罚,减少民众对“赔钱减刑”的误读,从而降低风险。

一、通过立法实现“正名”

鉴于当前我国“赔钱减刑”的司法和立法现状以及二者在进度上的差距,立足赔偿情节在征表责任刑与预防刑方面的重要意义,笔者建议将犯罪人主动赔偿纳入法定量刑情节,用立法的形式确认其法定地位,并在此基础上构建合理的“赔钱减刑”制度。为“赔钱减刑”正名的目的,一方面是对其正当性与积极价值的认可;另一方面,通过明确的立法规定,完成对“赔钱减刑”适用范围的限定、赔钱影响量刑的度的框定,由此确立“赔钱减刑”的基本规则与范围,既减少交易司法、贿买司法之风险,也在一定程度上阻止了被害人的漫天要价。

条文位置可以放在总论部分,刑罚的具体应用一章。内容上可部分借鉴国外相关立法规定,如《德国刑法典》第 46 条 a 的规定,以及我国目前践行的相关司法解释,如 2014 年最高人民法院的《关于常见犯罪的量刑指导意见》。具体条文可包含如下内容:在有具体被害人的案件中,行为人于量刑前积极主动致力于赔偿被害人经济损失的,综合考虑犯罪性质、赔偿数额、赔偿能力、赔偿效度、被害意愿等情况,可以从轻或减轻处罚;涉嫌刑法分则第五章规定的犯罪案件,仅造成被害人财产损害,如果犯罪情节轻微,犯罪人已经全额赔偿犯罪损失,且得到被害人谅解的,可以免除处罚。

二、以赔偿数额检验实害的降低程度

边沁指出:"补偿是对遭受损害所作的补救,是一种有效的回复方式,如果所补偿的不及于所害的,补偿则是不公正和不完整的。"①通过对赔偿数额与损害程度之间的比较分析,可以一定程度上考察犯罪实害的降低程度,进而评价犯罪人责任刑的程度,有助于防止"赔钱消灾"以及"贿买司法"之风险,使刑罚裁量始终立足对已然犯罪行为的评价和犯罪人未然行为的预测;通过合理的评估犯罪损害的大小,客观评价犯罪人给付的赔偿数额之于犯罪实害减轻的功效,还能防止被害人"漫天要价"。

现实中,赔偿数额存在的差异性情形包括:足额赔偿、超额赔偿和差额赔偿。足额赔偿的最终效果是让受害人的财产状况回复到如同犯罪发生之前的情形,最终由行为人承担全部的物质损失;超额赔偿则不单单实现了被害利益的完全恢复,具有救济被害人的价值,甚至附加了对犯罪人的额外惩罚;差额赔偿由于赔偿数额的有限性,最终只实现了部分的被害恢复效果。故而,赔偿数额的多寡有助于检验实害降低程度,进而合理责任刑以及减轻被害的重要意义。

事实上,由于具体个案中,犯罪行为给受害人造成的法益侵害存在类

① [英]边沁:《立法理论——刑法典原理》,李贵方、陈兴良等译,中国人民公安大学出版社 1993 年版,第 331 页。

型上的区别和程度上的差异性,刑事犯罪给被害人造成的具体损失大小是个比较难以估算和衡量的问题,以至于国际上也没有一个统一的犯罪被害人损失的计算方法。加害人的赔偿能力、被害人的主观期待等也都不尽相同,精神损害等给被害人造成的心理创伤更具有个别化特征,加之,赔偿属于犯罪人的自为行为。故而,从规范角度而言,赔偿数额与损害程度之间不可能绝对对价,法律很难且没有必要在制度设计上给出一个统一的损害赔偿数额,这一过程也注定不会是精密化的过程,实践中的做法只能是以受害人实际遭受的损失为基础,通过尽可能科学的计算方法得出与损害基本相当的赔偿数额,参照这一应然数额,考察犯罪人的实际赔偿是否足额赔偿、超额赔偿还是差额赔偿。当然,不同的损害类型,赔偿数额的计算方法应该存在差别。

(一) 财产损害与赔偿数额

被害人遭致的财产损失具体可分为直接损失和间接损失,对于被害人的直接经济损失计算,可参照侵权责任法的相关规定。《侵权责任法》第 19 条关于侵财犯罪,其损失数额按照损害发生时的市场价值计算的规定,确立了民事侵权中的直接财产损失的赔偿数额计算依据和标准;第 20 条针对侵害人身权益造成被害人财产损失的计算,规定了如果被侵权人的损失难以确定,侵权人因此获利的,按照其实际获利赔偿。故而,对于犯罪被害人遭致的财产损失,可具体根据财产的实际市场价值确定赔偿的具体数额,对于此,不应该存在争议。

犯罪造成的间接财产损失应该在确定性和因果性的前提下纳入赔偿范围。关于数额计算的问题,英美法系侵权法实践中主要有三种方式:第一,差额法,将原告侵权行为之前和之后的财产状况进行比较,并将其差额作为被害损失金额;第二,类推法,即以与被害人相似的情况作参照,推断被害人受损的情况；第三，“无之则不然”标准，即如果不存在加害行为，被害人将会如何，由此推断被害人遭受的损失大小①。我国在应否将间接损失计入赔偿范围方面存在争议，更无较为细致的计算标准和计算方法。笔者建议，在间接赔偿数额认定上，可以依据具体情况，借鉴域外实践做法，譬如“无之则不然”的标准，依据一定期间和地域中物品的市场价值，假定如果没有犯罪行为，被害人可获得的可期待利益的数额，在一定客观依据的基础上，确定大致的财产损失额，进而衡量犯罪人交付的赔偿数额对于降低实害的作用。

（二）人身损害与赔偿数额

被害人遭受的人身损害可能是犯罪人直接针对被害人人身侵害造成的，也可能是犯罪人在针对其他法益侵害中造成的被害人人身损害，比如，抢夺罪等财产性犯罪中导致的人身损害。人身损害相对于财产损害而言，在数额的认定上关联更多的因素。在民事法层面，《侵权责任法》第16条规定，人身损害赔偿的范围主要包括医疗费、护理费、交通费以及因误工减少的收入；造成残疾的，应当赔偿残疾生活辅助具费和残疾赔偿金；造成死亡的，还应当赔偿丧葬费和死亡赔偿金。

据此，依据犯罪造成人身损害的不同结果，可将人身损害具体分为：一般性的伤害、导致被害人身体残疾的伤害和导致被害人因伤残死亡三种不同情况。一般性伤害包括前述的对自由、民主、人格等抽象人身权利的侵害，以及造成了一定的身体伤害，但是该损害最终经过积极的医学治疗得以恢复的身体伤害。对于一般性的人身伤害，赔偿范围应包括：医疗费、住宿费、交通费、护理费、营养费、住院期间的伙食补助费以及因误工

① 转引自田韶华：《论侵权责任法上可得利益损失之赔偿》，《法商研究》2013年第1期。

减少的收入等;具体各项目的数额计算,可参照以下标准:医疗费、交通费、住宿费,根据对应机构出具的收款凭证确定。伙食补助费可以参照当地国家机关一般工作人员的出差补助标准确定。营养费根据受害人的伤残情况,参照医疗机构的意见确定。误工费的计算与误工时间和被害人收入状况相关,误工时间依据医疗机构的证明确定,收入状况则根据不同情况区别对待:受害人有固定收入的,按照实际减少的收入计算;受害人无固定收入的,按照其最近三年的平均收入计算。护理费则与护理天数和护理人数相关确定,护理人员有收入的,参照误工费的规定计算,护工护理的,参照当地护工工资标准计算。对于自由、民主等抽象人身权利的侵害,由于犯罪损害抽象,损害结果难以计算,可采取以犯罪人所获财产利益作为被害人损失利益的办法。

导致被害人残疾的,人身损害赔偿数额除上述类别外,还应包括残疾辅助器具费,该费用应按照普通适用器具的合理费用标准计算,辅助器具的更换周期和赔偿期限参照配制机构的意见确定;导致被害人死亡的,人身损害赔偿还应该包括丧葬费,丧葬费的计算可以参照《最高人身损害赔偿案件适用法律若干问题的解释》第 27 条的规定,以所在地区上一年度六个月的平均月工资收入为标准。而残疾赔偿金和死亡赔偿金性质上属于对被害人和被害人家属的精神抚慰,可以纳入精神损害赔偿的计算。

（三） 精神损害与赔偿数额

根据相关司法解释以及实践通常做法,残疾赔偿金和死亡赔偿金归属于精神损害赔偿范围①。但是,在具体赔偿数额上,司法解释却将赔偿

① 如《最高人民法院关于确定民事侵权精神损害赔偿责任若干问题的解释》第 9 条规定,精神损害抚慰金包括以下方式:(一)致人残疾的,为残疾赔偿金;(二)致人死亡的,为死亡赔偿金;(三)其他损害情形的精神抚慰金。

数额的确定与被害人户籍挂钩，导致城镇户口与农村户口在残疾赔偿金和死亡赔偿金的数额认定上具有不同标准，由此屡屡遭致从民间到学界“同命不同价”的质疑。2010 年实施的《侵权责任法》明确规定，因同一行为造成多人死亡的，可以以相同数额确定死亡赔偿金，迈出了解决“同命不同价”导致的不平等法益保护的重要一步。

既然残疾赔偿金与死亡赔偿金性质上归属于对被害人及其家属的精神抚慰，也即由于失去身体健康或者失去亲人带来的精神上的极度痛苦。这种痛苦性体会虽会存在主观性差异，但却不应该有基于户籍地的不同，引发痛苦程度上的区别。故而，“同命不同价”的司法操作不符合立法精神和立法原则，应在赔偿数额上确立相同的标准。对于致残的，根据伤残等级，参照全国上一年平均生活费用计算，确定年赔偿数额，在时间上仍然参照民事司法解释的规定，自定残之月起，赔偿二十年；导致被害人死亡的，死亡赔偿金原则上应该比残疾赔偿金数额高，可以根据上一年度人均可支配收入确定年赔偿额，赔偿期限按照二十年计算。由于属于精神性痛苦，总的赔偿数额也不宜随着被害人年龄的增长呈递减变化。

由于精神损害是犯罪行为给被害人造成的精神上的痛苦，这种痛苦主要是一种主观体会，具有个体性和主观性，因而，处理残疾赔偿金和死亡赔偿金以外，其他精神性痛苦难以具体确定一个合理的赔偿数额，只能仰仗法官根据相关因素，实现具体个案的个别化裁量。对此，可参照《最高人民法院关于确定民事侵权精神损害赔偿责任若干问题的解释》第 10 条的规定，具体考虑犯罪人的过错程度、犯罪后果、具体手段、犯罪人的获利情况、当地生活水平以及犯罪人的经济状况等因素。由于无法具体考量准确的受损程度，这类赔偿数额的确定尤其需要法官在个案裁判中发挥较高的自由裁量运作水平，不仅要考察各地各时的经济发展水准，还需要甄别历史文化传统的差异性及个案损害后果的精神衡量等。在裁量中，公平公正、合情合理断案，对不同因素区别对待、综合考虑，从利益衡量的视角对个案中的冲突利益给予审视与取舍，以实现个案中的实质公正。在大致的赔偿数额标准下，立足犯罪人的现实赔偿数额对实害结果的降低程度，具体设定犯罪人赔偿数额与刑罚减轻的关联性。

三、赔偿时间关乎赔偿效果

赔偿时间关乎被害能否得到及时恢复、行为的社会危害程度能否及时减轻，犯罪人面对已然的犯罪损害，能否及时主动地赔偿，一定程度上还体现了行为人的悔罪程度。当然，最令被害人和公众满意与可接受的赔偿应该是犯罪发生后，量刑开始前犯罪人基于悔罪动机，及时、足额赔偿甚至超额赔偿，刑罚裁量中，犯罪人及时的足额赔偿换来量刑上的从轻，通常具有更大的合理性。《最高人民法院关于刑事附带民事诉讼范围问题的规定》第 4 条亦明确规定被告人已经赔偿的，可作为量刑情节考虑。

但是，如果仅仅把犯罪人量刑前已经足额或超额赔偿的行为作为量刑情节，这种“一刀切”的做法，毫无通融的结果，不仅使被害人在特定情况下丧失了获得物质赔偿的可能性，而且扼杀了某些犯罪人的赔偿意愿，使有赔偿意愿却无赔偿能力或者赔偿能力较低的犯罪人选择放弃赔偿，甚至产生绝望、对抗心理。所以，值得讨论的问题是：犯罪人有赔偿意愿，但无法在量刑前完成犯罪赔偿的，量刑中可否将承诺赔偿作为量刑情节适用？

本书的观点是，如果犯罪人能够通过担保、抵押、设定债权债务关系以及提供劳务的方式完成后续赔偿，并且已经得到被害人认可或谅解的，在量刑中附条件地给予从轻处罚也未尝不可。甚至随着司法实践的完善和研究的深入，把犯罪人赔偿的时间延伸到行刑阶段，把犯罪人在行刑阶段的积极赔偿作为对其减刑或假释的依据，通过延长被告人的履行时间，一方面可以使实际赔偿得到更有效的执行，另一方面也为犯罪人的赎罪、赎刑提供充足契机和动力，有助于犯罪人事后的积极合作和悔罪。当然，由于事后赔偿原因具有差异性，有些人确实是因为客观原因无力赔偿，但不排除有些犯罪人不愿赔偿，之所以表达赔偿意愿，无非是为了换得量刑上的从轻，一旦获得从轻的刑罚，便不愿履行赔偿义务，甚至逃避赔偿，最终损害被害人利益和司法权威。故而，实践中需要进一步判断犯罪人到底确因缺乏赔偿能力导致无法及时赔偿还是为了逃避赔偿？但要准确得出结论，往往不易，初步考虑是，为避免事后赔偿流于形式，可以通过如下监督措施，督促犯罪人赔偿的实际履行：（1）设立第三方担保。如若被告在一定期限不履行赔偿义务，则有担保人承担赔偿责任。（2）设立抵押担保。对于有固定财产却不宜变卖的犯罪人，可选择由犯罪人提供抵押担保的方式，作为犯罪人履约的担保，督促犯罪人完成赔偿，如果被告人在规定期限内，没有履行义务，则以抵押财产折价或变卖后清偿赔偿款。（3）劳务抵债。由于劳务付出可以带来一定的物质收益，通过向被害人提供劳务的方式折抵赔偿金也可以作为一种替代性的物质赔偿方式，在某些情况下能够完成对被害人的实际补偿。（4）附条件判决。在人民法院的刑事判决书中，宣判对犯罪人刑事处罚的同时，载明量刑从轻的依据以及附加条件，如果已然将犯罪人的承诺赔偿作为量刑从轻依据的，可附加诸如未能如期履行实际赔偿的，则遵照从轻以前的刑期执行。①

① 参见颜梅生：《刑事附带民事诉讼被告人赔偿赎罪的困境与出路》，《福建法学》2010年第1期。

四、正视赔偿主体的差异性

如前所述，犯罪人赔偿立足被害人保护理念提出，事实上，该制度既要服务于被害人补偿，也要体现对犯罪人的惩罚，进而决定了赔偿主体应该与刑事诉讼中的被告人具有相同范围，即，通常情况下赔偿主体是犯罪嫌疑人。但事实上，实践中经常存在由加害人的父母、家属甚至朋友出钱赔偿的情况，两种赔偿主体的相似性在于都能起到减轻物质性被害程度的作用，赔偿主体的差异性则会具体影响到对犯罪人报应的考察和犯罪人人身危险程度的衡量。

（一）犯罪人赔偿

犯罪人本人作为赔偿主体，是其犯罪行为招致的法律后果，是“罪责自负”的应有之义。犯罪人因罪而赔具有自罚的报应性质，犯罪人物质损失加自由丧失共同组合成为惩罚的总和，在对应犯罪的惩罚中除去赔付部分，符合法理逻辑，故而，犯罪人赔偿直观对应报应刑的减轻，这是不言自明的结论。需要进一步考察的是犯罪人本人赔偿与其再犯危险程度关联的要素，进而确立犯罪人赔偿与预防刑降低之间的关联性。

就犯罪性质来看，一般来讲，故意犯罪比过失犯罪具有更大的主观恶性，应受谴责性和再犯危险性更大；累犯相对于初犯、首犯具有更深的反规范意识和行为的惯常性，需要更为长久的矫正和预防时间；因邻里纠纷等民间矛盾激化引发的犯罪，被害人存在过错的犯罪，以及被教唆犯罪的犯罪人相对于其他犯罪人，其人身危险程度的考察可以相对宽松，相应案件中如果存在犯罪人赔偿的情形，对赔偿效度的考察也应有差异。

具体个案中,积极悔罪是对犯罪人预防刑裁量的重要因素。前已述及,犯罪人针对犯罪损害,采取赔偿行为的动因,部分犯罪人来自真心悔悟的自为行为,具有征表行为人积极悔罪的意义;部分犯罪人则是基于“易刑”的交易行为。两种心理支配下的赔偿行为,对行为人预防刑的裁量具有不同程度的影响力,需要在量刑阶段具体判断,进而做到合理量刑。由于犯罪人悔罪与否是一种主观判断,鉴于“主观见之客观”的一般原理,需要结合行为人的一系列客观表现得出。当然,能征表悔罪的客观行为很多,譬如自首、立功以及犯罪中止等都能一定程度上表明行为人对自身错误行为的认识和积极从善的主观愿望。犯罪人外化的赔偿行为也需要结合相关要素,具体判断赔偿行为是否表征了内心的积极悔悟。一般情况下,犯罪人于犯罪后主动采取补救措施,积极无条件地足额甚至超额赔偿,且于判决前履行了支付行为,一般可推断为积极悔罪;如果当赔偿主体的赔偿能力有限,但能在其力所能及的范围内尽最大努力赔付的,甚至不惜变卖家产进行赔偿的,即使最终的赔偿数额不能完全抵消犯罪损害,也可以认定为积极赔付,此时,不光是以赔偿数额决定悔罪程度,而且通过考察犯罪人对损害赔偿的态度和努力程度完成对其人身危险程度的判断。

(二)犯罪人家属代偿

犯罪人家属代偿的案件,多发生于无经济能力的犯罪人,尤其是未成年人犯罪。犯罪人家属代偿,由于转嫁了责任,容易遭致违反“罪责自负”原则的批评。笔者观点是,家属代偿使赔偿不再是犯罪人的“自罚”,难以实现对犯罪人的报应,于犯罪人报应刑裁量的影响有限。但犯罪人家属代偿并非全然不能体现被害人悔罪,从犯罪人家属代偿推断犯罪人悔罪,原理等同于自首的认定[①]。因为现实的具体情况往往是犯罪人一旦被采取强制措施,赔偿金通常只能由其父母、亲属来筹措,导致实践中由犯罪人的父母、亲属甚至朋友赔偿被害人的情形十分常见。不能把由于客观原因导致不能亲自赔偿的犯罪人等同于无积极赔偿,恰当的做法是将加害人亲属赔偿纳入量刑考虑,但须区别于犯罪人本人赔偿的情形。重点从家属代偿有无影响犯罪人人身危险程度方面决定刑罚是否从轻以及从轻的幅度,针对此,需要在量刑中进一步查明犯罪人对家属赔偿的态度。其中,对于积极请求、敦促家属实施赔偿的,可以有较大的从轻幅度;对于只是知情,并不表示反对的,次之;对于顽固不化,自始至终不赞成赔偿,并对犯罪无悔意的犯罪人,即使家属有赔偿行为,也不应获得量刑上的从轻。

通过正视和客观分析不同赔偿主体征表的报应和预防意义,尽量使赔偿之“自罚”与犯罪人的“恶行”对应,在犯罪人家属代偿的案件中,考察的重点始终应该将赔偿作为犯罪人再犯危险性的考察因素,避免犯罪人及其亲属通过“赔钱消灾”使犯罪人逃避应得之处罚。

五、以被害人谅解检验赔偿效度

被害人谅解是指被害人在犯罪人实施犯罪后,表示原谅犯罪人,不向

① 根据《最高人民法院关于处理自首和立功具体应用法律若干问题的解释》规定:“并非出于犯罪嫌疑人主动,而是经亲友规劝、陪同投案的;公安机关通知犯罪嫌疑人的亲友,或者亲友主动报案后,将犯罪嫌疑人送去投案的,也应当视为自动投案。”最高人民法院《关于处理自首和立功若干具体问题的意见》规定:“犯罪嫌疑人被亲友采用捆绑等手段送到司法机关,或者在亲友带领侦查人员前来抓捕时无拒捕行为,并如实供认犯罪事实的,虽然不能认定为自动投案,但可以参照法律对自首的有关规定酌情从轻处罚。”

有关机关告发或者提出对犯罪人从轻处罚建议的行为①。光有犯罪人的赔偿并不能全面考察赔偿效度，被害人及其家属回应犯罪人赔偿的态度从另一视角反映了赔偿的客观效果，被害人谅解与否是衡量犯罪人赔偿效果是否实现以及实现程度的重要指标。正是由于被害人谅解在征表被害恢复方面的积极意义，得到了诸多司法解释的确认，比较典型的司法解释包括：2010 年最高人民法院《关于贯彻宽严相济刑事政策的若干意见》中规定，因婚姻家庭等民间纠纷激化引发的犯罪，被害人及其家属谅解的，应当作为酌定量刑情节考虑；犯罪情节轻微，取得被害人谅解的，可以依法从宽或免除处罚。该规定在司法层面正式确立了被害人谅解作为量刑情节的地位。2014 年最高人民法院《关于常见犯罪的量刑指导意见》中也有关于赔偿并取得被害人谅解的，可以减少基准刑的 40%以下；以及尽管没有赔偿，但取得了被害人谅解的，也可以减少基准刑的 20%以下。该规定具体化了不同情况下被害人谅解在量刑过程中的差异性适用，尤其强调被害人谅解可作为单独的量刑情节予以适用。司法实践中的一贯做法也通常将被害人谅解作为对被害人从轻处罚的重要依据。

针对司法解释和司法实务将被害人谅解作为酌定量刑情节的做法，有学者提出了不同意见②。本书观点是，如果被害人对犯罪人谅解的意思表示是在自由意志下做出的，则该谅解行为可作为从轻刑罚的依据。诚然，针对犯罪人的刑罚裁量，需要考虑的因素应该与犯罪人自身行为有关，既然量刑根据是已然犯罪行为的社会危害性和犯罪人人身危险性的

① 参见张少林：《浅谈被害人谅解行为制度的建构》，《江西公安专科学校学报》2009 年第 1 期。

② 如王瑞君教授从罪刑相当理论和量刑个别化理论方面论述了被害人谅解不应该成为犯罪人刑罚从轻的根据。参见王瑞君：《被害人谅解不应成为酌定量刑情节》，《法学》2012 年第 7 期。

结合，那么要建立谅解与从轻刑罚之间的关联性，需要证明的就是被害人谅解行为能够揭示犯罪行为的社会危害程度降低或者行为人的人身危险程度降低。事实上，被害人对犯罪人消解性的报应心理，恰说明了犯罪人的已然行为给被害人造成的精神损害得到了一定程度的修复，以至于不再对犯罪人进行“重罚”，也能平复被害人的心理痛苦，此时的被害人谅解是犯罪实害减轻的客观依据，表征的是犯罪行为社会危害性已然得到了降低；于恢复性司法视角看，被害人谅解还可以作为征表二者关系修复，进而具有独立成为从轻量刑情节的依据。故而，即使没有犯罪人赔偿，被害人的谅解也能够作为单独的从轻情节，只是，在没有赔偿即获得被害人谅解的案件中，虽然谅解的意思表示可以征表社会关系修复，以及被害心理的部分缓解，但毕竟没有客观的物质恢复与补偿，亦无报应犯罪的效果，在量刑实践中应该谨慎使用，避免产生交易司法的不良后果，并且相比于赔偿加谅解的模式，从轻幅度理应更小。

基于本书研究视角的需要，仅讨论有犯罪人赔偿案件中的被害人谅解，把被害人谅解作为衡量赔偿效度的积极要素纳入“赔钱减刑”量刑中，从双向性视角全面完成对犯罪人赔偿的积极评价。

实践中的难点问题在于如何判断被害人的谅解行为是否出自真心？现实社会中，不少被害人答应接受犯罪人的赔偿金，很多时候是基于经济原因所迫的一种无奈与无助的选择，即是说，即使被害人接受了犯罪人的赔偿金，甚至出具了谅解书，也并非一定意味被害人真实谅解了犯罪人，当然还存在有些被害人是迫于犯罪人胁迫等原因，不得不表面上做出的一种谅解表示。对于因为经济窘迫原因不得不接受犯罪人赔偿，并对犯罪人表示谅解的，可以理解为真心谅解，因为不管谅解犯罪人的动机如何，只要谅解的行为表示是在被害人自主意识下做出的，就应视为真心谅解。事实上，针对犯罪行为给被害人造成的已然损失，要被害人从心底完全、真正谅解犯罪人,当作犯罪行为未曾发生过,几乎不可能,所谓的谅解也至多是被害人从心底同意接受已然的犯罪损害现实,并对犯罪人采取的一种宽容性态度,进而在诉讼程序中表达了对犯罪人的“谅解”而已;对可能存在被害人被胁迫的情形以及可能产生的风险,则应主要通过程序性控制,通过公开程序等方式,让犯罪人和被害人能够平等自由地参与协商和意思表示,尽量避免被害人意志被胁迫。

六、完善程序规则以规范其司法过程

完善的程序规则是保证司法制度良性运作的重要因素。“赔钱减刑”需要确立的程序规则主要内容包括案件适用的范围、适用阶段、适用程序等。由于犯罪类型在相当程度上限定了赔偿对犯罪后果的恢复程度以及赔偿具体效果的评价,因而具有重要意义。通常来讲,以行为对象有无具体被害人为标准,犯罪分为有具体被害人的犯罪和无具体被害人的犯罪。前已述及,无具体被害人的犯罪直接侵害国家利益和公共利益,由于主要涉及公共利益,往往无具体的受偿个体,也无法考量赔偿效度,所以无法启动和运行相应的损害赔偿活动,无法评估被害人谅解及程度,加之公共利益的重大性和不可放弃性,这类案件中,讨论赔偿的功用意义不大。存在具体被害人的犯罪既包括了直接针对个体实施的犯罪,也包含了在实施扰乱经济、社会管理秩序的行为损及个人利益的情形,侵害的个人法益通常包括财产法益和人身、民主权利,而无论是个人财产性法益还是人身性权益,赔偿都具有减少和恢复实际损害程度以及安抚被害心理的积极作用,因而“赔钱减刑”的适用具有正当性和可操作性。

行为侵害法益的性质决定着赔偿有无意义以及赔偿的实际效果,因此,可以适用“赔钱减刑”的案件不限于轻罪案件,应以侵害法益的性质为标准,严格限定为有直接被害人的犯罪,具体包括侵犯财产罪、侵犯人身类犯罪以及有具体被害人的妨害社会管理秩序类犯罪、危害公共安全罪和破坏社会主义市场经济秩序罪。只是,不同类型犯罪中赔偿适用的价值根据也应有所侧重,故而,考量的因素应该有差异。具体来讲,主要针对具体被害人的侵财型犯罪中,赔偿的主要功效在于填补损失,恢复物质性损害;针对具体被害人的侵犯人身类犯罪,犯罪人则通过赔偿起到一定程度的物质补偿与被害安抚。这两类犯罪中的赔偿,客观上都起到了减轻犯罪损害的作用。妨害社会管理秩序罪中,因赔偿出让刑罚的主要根据是犯罪人表现出来的合作与妥协态度,以及由于被害与加害关系的部分修复,具有修复被破坏的社会关系的作用。因此,确立"赔钱减刑"的案件适用范围并客观看待不同案件类型中犯罪人赔偿行为的刑法意义,既是尊重对不同犯罪法益的表现,更是刑罚裁量个别化的应有之义。

除此之外,虽然"赔钱减刑"的案件不限于轻罪案件,但是重罪案件中,针对犯罪人的赔偿行为,刑罚该不该"减"以及如何"减"应更为谨慎与严格,尤其是死刑案件是否适用"赔钱减刑"是当前学界以及司法界都存在较大争议的问题,也是民众最敏感的一类犯罪类型,用之不当极易放大"赔钱减刑"的负面影响和现实风险,毕竟死刑案件的"减刑"可能会导致从死到生的质的差异性结果。我们的基本立场是,重刑案件甚至死刑案件,只要能够证明犯罪人赔偿的积极效用,能够彰显其悔罪态度,可以影响刑法评价。只是,一般而言,这类案件中犯罪人赔偿对刑罚的影响应小于轻罪案件,毕竟这类案件中面对犯罪行为已然造成的巨大客观危害和犯罪人根深蒂固的主观恶性,犯罪人事后赔偿会显得效果甚微。

在适用阶段上鉴于赔偿对被害恢复的积极效果,应鼓励犯罪人尽早赔偿,所以,侦查阶段、审查起诉和审判阶段,犯罪人所做的积极赔偿都应予以确认,并在量刑环节予以适用;并且针对赔偿时间的不同,在量刑程序和刑罚"减轻"幅度上也可以体现差异。对于赔偿时间较早的犯罪人,一定程度上征表了犯罪人积极的悔罪态度和希望减轻与补偿损害的主观心理,其较早的赔偿往往也能够起到更好的实际效果,而较晚的赔偿往往是犯罪人权衡利弊以及各方博弈的结果,故而,在对犯罪人的赔偿做具体考察的基础上,可以对较早赔偿适用更大幅度的"减轻"。

适用程序上一般采用普通程序,也可结合认罪认罚从宽制度与刑事和解程序,对部分案件采用简易程序和速裁程序,实现一定程度的繁简分流。犯罪人在审前程序中即赔偿的案件,在审判阶段适用可以考虑适用刑事速裁程序或者简易程序进行审理;犯罪人在审判阶段才进行赔偿的,适用普通程序或普通程序简化审程序审理,或者通过程序转换转而适用简易程序或者刑事速裁程序审理。具体来讲,在侦查阶段,对于犯罪人主动认罪,积极赔偿并协助侦破案件的,侦查机关应当将该案件纳入专门办理刑事速裁程序机制之中,从而合理缩减侦查阶段的办案时间。在审查起诉阶段,检察机关结合犯罪人的事后表现,在全面审查证据材料的基础上,认为被追诉人所犯罪行简单轻微,满足刑事诉讼法规定的酌定不起诉的法定条件的,检察机关可依法依职权做出不起诉决定,从而将被追诉人所犯罪行简单轻微,事后认罪悔罪积极而无需刑事制裁的案件分流出去。对于审判阶段的犯罪人赔偿及认罪表示,一般按照普通程序审理案件,也可结合"速裁试点办法"等文件内容,适用刑事速裁程序审理。

第三节　刑民交融:彰显社会善治理念

从政治学角度看,"赔钱减刑"的司法实践与政府管理从统治走向治理的趋势相吻合,体现了国家管理理念、管理目标与管理模式的转型。在人类历史上,"统治"伴随国家及阶级的产生而开始,并一直是政府管理的主要形式,"统治"主要利用国家的政治权威,通过自上而下的强制力,实现对社会公共事务的刚性管理。在国家统治模式下,于司法层面而言,则主要通过对犯罪人的惩罚来彰显国家权力的权威性。在"以人为本"的时代背景下,对国家管理提出了更高要求,通过刚性的、外在的自上而下的统治,无法满足市民社会国家管理的基本要求,国家治理理念应运而生。治理过程虽然也需要权威和权力作保障,但治理与统治存在显著区别。治理主要通过合作、协商、确立认同和共同目标等方式实现管理,是使不同利益主体得以调和并联合的持续过程①。治理实际上是国家权力向社会的回归,是一个还政于民的过程,治理过程的基础不是控制,而是协调,是政治国家走向市民社会的基本表现。治理的目标是实现"善治","善治"是使公共利益最大化的社会管理过程,它需要管理者切实协调好公民之间以及公权与私权之间的利益与矛盾,以使国家公共管理活动获得最大限度的同意和认可。"善治"是国家政治合法性的重要来源,实现了对公共生活的合作管理,是政治国家与市民社会的一种新颖关系,是两者的最佳状态②。

"赔钱减刑"实践中,国家权力从单纯惩罚犯罪人变成了既强调对犯罪人的应有惩罚,也注重对被害人的补偿。通过"赔钱减刑"回应当事人的诉求,一方面积极推动犯罪人与被害人之间的协商、沟通;另一方面,在不损害公共利益的前提下,通过当事人合理有序的司法参与,最大限度地增加个人收益,最终保障了社会总体利益最大化。国家在与当事人的合

① 参见全球治理委员会:《我们的全球伙伴关系(Our Global Neighborhood)》,牛津大学出版社1995年版,第2—3页。

② 参见俞可平:《中国治理评论(第一辑)》,中央编译出版社2012年版,第1页。

作与互通过程中,既提高了治理能力,也保持了对犯罪的宽容品格①。这是一种治理的思维,与国家所追求的秩序恢复目标相吻合,比起统治来讲,更加全面、合理与有效,符合国家“善治”的基本理念和特征,是国家治理模式从统治走向善治在刑事领域的微观体现②。

随着国家民主进程的发展和社会文明程度的提升,市民社会决定和制约政治国家成为越来越多人的共识。在市民社会和政治社会分离的二元社会中,在国家治理理念下,一方面,强调刑法不再仅仅是维护国家统治的政治工具,限制权力、保障权利应当成为当代刑法的价值追求;另一方面,强调对个人意志的充分尊重,逐渐加大公民作为社会主体在纠纷处理中的话语权。“赔钱减刑”蕴含的商谈正义理念,强调自主、重视沟通、协商与谅解,较好地践行了国家治理理念。当前,大量的“赔钱减刑”案件中,当事人的意志得到较大尊重,他们得到了实质参与诉讼的权利,受害方的态度在某些情况下甚至可以直接影响“赔钱减刑”程序的启动与成败,个体如此强大的话语权彰显了我国民主发展进程,预示着国家管理正逐步从统治走向治理,这种由市民和公权力机构共同参与的国家治理,是善治的基本表现。

① 被害人与社会民众对犯罪人的“雅量”既是个体文明的体现,也是社会进步的表现。

② 参见谢锐勤:《天使还是魔鬼:揭开“赔钱减刑”的面纱——以治理为导向的刑事和解实践》,《法律适用》2014 年第 7 期。

参考文献

一、著作类

[德]克劳斯·罗克辛:《德国刑法学总论(第1卷)》,王世洲译,法律出版社2005年版。

[德]汉斯·海因里希·耶赛克、托马斯·魏根特:《德国刑法教科书》,徐久生译,中国法制出版社2001年版。

[德]考夫曼:《法律哲学》,刘幸义等译,法律出版社2005年版。

[德]黑格尔:《法哲学原理》,范扬、张企泰译,商务印书馆1961年版。

[德]康德:《法的形而上学原理——权利的科学》,沈叔平译,商务印书馆1991年版。

[德]汉斯·约阿希德·施奈德:《国际范围内的被害人》,许章润等译,中国人民公安大学出版社1992年版。

[德]格吕恩特·雅格布斯:《行为、责任、刑法》,冯军译,中国政法大学出版社1997年版。

[德]卡尔·拉伦茨:《法学方法论》,陈爱娥译,商务印书馆2003年版。

[意]贝卡利亚:《论犯罪与刑罚》,黄风译,中国大百科全书出版社1993年版。

[意]切萨雷·龙勃罗梭:《犯罪人论》,黄风译,中国法制出版社2000年版。

[意]加罗法洛:《犯罪学》,耿伟、王新译,中国大百科全书出版社1996年版。

[意]杜里奥·帕多瓦尼:《意大利刑法学原理》,陈忠林译,法律出版社1998年版。

[意]恩里科·菲利:《犯罪社会学》,郭建安译,中国人民公安大学出版社2004年版。

[意]杜里奥·帕多瓦尼:《意大利刑法学原理》,陈忠林译,法律出版社1998年版。

[美]保罗·H.罗宾逊:《刑法的分配原则——谁应受罚,如何量刑?》,沙金丽译,中国人民大学出版社2009年版。

[美]R.M.昂格尔:《现代社会中的法律》,吴玉章等译,中国政法大学出版社1994年版。

[美]安德鲁·冯·赫希:《已然之罪还是未然之罪》,邱兴隆、胡云腾译,中国检察出版社2000年版。

[美]波斯纳:《法理学问题》,苏力译,中国政法大学出版社 1994 年版。

[美]罗斯科·庞德:《法律史解释》,邓正来译,中国法制出版社 2003 年版。

[美]博登海默:《法理学:法律哲学与法律方法》,邓正来译,中国政法大学出版社 1998 年版。

[美]索尔斯坦·塞林:《犯罪:社会与文化》,许章润等译,广西师范大学出版社 2003 年版。

[美]小拉什·多兹尔:《仇恨的本质》,王江译,新华出版社 2004 年版。

[美]约翰·罗尔斯:《正义论》,何怀宏等译,中国社会科学出版社 2012 年版。

[美]伯尔曼:《法律与宗教》,梁治平译,中国政法大学出版社 2003 年版。

[日]大谷实:《刑法总论》,黎宏译,法律出版社 2003 年版。

[日]西田典之:《日本刑法总论》,王昭武、刘明祥译,法律出版社 2013 年版。

[日]高桥则夫:《规范论和刑法解释论》,戴波、李世阳译,中国人民大学出版社 2011 年版。

[法]埃米尔·涂尔干:《社会分工论》,渠东译,生活·读书·新知三联书店 2000 年版。

[法]米歇尔·福柯:《规训与惩罚》,刘北城译,生活·读书·新知三联书店 1999 年版。

[英]梅因:《古代法》,沈景一译,商务印书馆 1959 年版。

[英]哈特:《法律的概念》,中国大百科全书出版社 1996 年版。

[英]边沁:《立法理论——刑法典原理》,李贵方、陈兴良等译,中国人民公安大学出版社 1993 年版。

[英]威廉·葛德文:《政治正义论》,何慕李译,商务印书馆 1997 年版。

[英]哈特:《法律的概念》,许家馨、李冠宜译,法律出版社 2011 年版。

[英]哈特:《法律、自由与道德》,支振锋译,法律出版社 2006 年版。

[英]詹姆斯·迪南:《解读被害人与恢复性司法》,刘仁文等译,中国人民公安大学出版社 2009 年版。

《俄罗斯联邦刑法》,黄道秀译,北京大学出版社 2008 年版。

乔治·B.沃尔德等:《理论犯罪学》,方鹏译,中国政法大学出版社 2005 年版。

张明楷:《刑法学(第四版)》,法律出版社 2011 年版。

张明楷:《刑法格言的展开(第三版)》,北京大学出版社 2013 年版。

张明楷:《刑法的基本立场》,中国法制出版社 2003 年版。

陈兴良:《本体刑法学》,商务印书馆 2001 年版。

陈兴良:《刑法的启蒙》,法律出版社 2007 年版。

陈兴良:《刑法哲学》,中国政法大学出版社 2004 年版。

陈兴良:《规范刑法学(第二版上册)》,中国人民大学出版社 2008 年版。

陈兴良、周光权:《刑法学的现代展开》,中国人民大学出版社 2006 年版。

徐久生、庄敬华:《德国刑法典》,中国方正出版社 2004 年版。

彼得·德恩里科、邓子滨:《法的门前》,北京大学出版社 2012 年版。

吴宗宪:《西方犯罪学说史》,警官教育出版社 1997 年版。

许福生:《刑事政策学》,中国民主法制出版社 2006 年版。

陈忠林:《意大利刑法纲要》,中国人民大学出版社 1999 年版。

白建军:《罪刑均衡的实证研究》,法律出版社 2004 年版。

邱兴隆:《关于惩罚的哲学:刑罚根据论》,法律出版社 2000 年版。

邱兴隆:《刑罚的哲理与法理》,法律出版社 2003 年版。

马克昌:《刑罚通论》,武汉大学出版社 1999 年版。

储槐植:《美国刑法》,北京大学出版社 2005 年版。

苏力:《送法下乡》,中国政法大学出版社 2002 年版。

苏力:《法律与文学》,生活·读书·新知三联书店 2006 年版。

苏力:《法治及其本土资源》,中国政法大学出版社 2004 年版。

张文显:《二十世纪西方法哲学思潮研究》,法律出版社 1996 年版。

康树华:《犯罪学通论》,北京大学出版社 1992 年版。

梁根林:《刑事制裁——方式与选择》,法律出版社 2006 年版。

梁根林:《刑事法网:扩张与限缩》,法律出版社 2005 年版。

梁治平:《寻求自然秩序中的和谐》,中国政法大学出版社 2002 年版。

刘东根:《刑事损害赔偿研究》,中国法制出版社 2005 年版。

储槐植等:《犯罪学》,法律出版社 1997 年版。

蔡墩铭:《刑事诉讼法概要》,(中国台湾)三民书局股份有限公司 1998 年版。

郭建安:《犯罪被害人学》,北京大学出版社 1997 年版。

王泽鉴:《民法学说与判解研究(第 2 册)》,中国政法大学出版社 1998 年版。

翁怡洁:《刑事赔偿制度研究》,中国人民公安大学出版社 2008 年版。

徐静村、樊崇义:《刑事诉讼法法学》,中国政法大学出版社 1994 年版。

卓泽渊:《法律价值》,重庆大学出版社 1994 年版。

龙宗智:《相对合理主义》,中国政法大学出版社 1999 年版。

王平:《恢复性司法论坛》,群众出版社 2005 年版。

陈晓明:《修复性司法的理论与实践》,法律出版社 2006 年版。

John Braithwaite, "Restorative Justice: Assessing Optimistic and Pessimistic Accounts", *Crime and Justice*, vol.25, 1999.

Sellin J.T., *Culture Conflict and Crime*, NewYork: Social Science Councie, 1983.

Adsrew Karmen, *Crime Victims: An Introduction to Victimology*, Wadsworth Publishing Company, 1990.

John Rawls, *The Theory of Justice*, Cambridge: Harvard University Press, 1971.

二、论文类

王利荣:《也是犯罪与责任相均衡——对附条件“犯罪赔偿”的价值分析》,《法律科学》2009 年第 4 期。

王利荣:《案外情节与人身危险性》,《现代法学》2006 年第 4 期。

王利荣:《犯罪学理论研究的现实困境》,《西南师范大学学报(社会科学版)》2005 年第 5 期。

王瑞君:《赔偿作为量刑情节的司法适用研究》,《法学论坛》2012 年第 6 期。

王瑞君:《赔偿在刑事司法中的理性定位——兼论被害人救济难题的破解》,《内蒙古社会科学(汉文版)》2010 年第 5 期。

王瑞君:《赔偿影响刑罚及其规范——从赔偿与刑罚关系的样本分析切入》,《学习论坛》2012 年第 4 期。

王瑞君:《赔偿在刑事诉讼不同阶段地位的失衡与解决对策》,《社会科学研究》2010 年第 6 期。

王瑞君:《被害人谅解不应成为酌定量刑情节》,《法学》2012 年第 7 期。

王瑞君:《赔偿与刑罚关系研究》,《山东大学学报》2011 年第 3 期。

王瑞君:《赔偿该如何影响量刑》,《政治与法律》2012 年第 6 期。

杨忠民:《刑事责任与民事责任不可转换——对一项司法解释的质疑》,《法学研究》2002 年第 4 期。

张明楷:《论预防刑的裁量》,《现代法学》2015 年第 1 期。

张明楷:《论犯罪后的态度对量刑的影响》,《法学杂志》2015 年第 2 期。

陈荣飞:《赔钱减刑之理论困境及超越》,《兰州学刊》2013 年第 3 期。

于志刚:《关于民事责任能否转换为刑事责任的研讨》,《云南大学学报(法学版)》2006 年第 6 期。

高铭暄、张海梅:《论赔偿损失对刑事责任的影响》,《现代法学》2014 年第 4 期。

赵秉志、彭新林:《论民事赔偿与死刑的限制适用》,《中国法学》2010 年第 5 期。

任华哲、李青:《刑事和解与量刑公正》,《法学评论》2010 年第 5 期。

陈颀:《“赔钱减刑”的激励机制》,《法律和社会科学》2009 年第 5 期。

宋高初:《当代中国刑事纠纷处理过程中的“破财免灾”现象评析》,《法学评论》2010 年第 4 期。

何成兵:《赔钱减刑的法律定位与价值探讨》,《法治研究》2010 年第 5 期。

贾彬:《论原始社会犯罪人赔偿制度》,《犯罪研究》2009 年第 5 期。

王文华、刘宏武:《赔偿损失对刑事责任的影响——兼论我国〈刑法〉中“赔偿损失”的类型化研究》,《法学杂志》2014 年第 1 期。

刘东根:《我国刑事损害赔偿法律制度的完善》,《中国人民公安大学学报》2004 年第 6 期。

戴昕:《威慑补充与“赔偿减刑”》,《中国社会科学》2010 年第 3 期。

苏侃:《犯罪民事责任制度质疑——兼对我国刑法功能暨刑事责任制度的反思》,《中国刑事法杂志》2012 年第 6 期。

杜宇:《刑事和解与传统刑事责任理论》,《法学研究》2009 年第 1 期。

朱承思、董为奋:《〈乌尔纳姆法典〉和乌尔第三王朝早期社会》,《历史研究》1984 年第5期。

田韶华:《论侵权责任法上可得利益损失之赔偿》,《法商研究》2013年第1期。

朱广新:《惩罚性赔偿制度的演进与适用》,《中国社会科学》2014年第3期。

郭景萍:《法律的罪与罚:情感的斡旋》,《社会科学》2013年第8期。

邱兴隆:《刑罚是什么?——一种报应论的解读》,《法学》2000年第4期。

邱兴隆:《穿行于报应与功利之间——刑罚一体论的解构》,《法商研究》2000年第6期。

邱兴隆:《报应刑的价值悖论——以社会秩序、正义与个人自由为视角》,《政法论坛》2001年第2期。

宋英辉等:《我国刑事和解实证分析》,《中国法学》2008年第5期。

张旭:《被害在犯罪学体系中的地位:分析与探究》,《当代法学》2013年第5期。

霍宪丹、翟中东:《犯罪发生的“引发式”解释及其价值》,《比较法研究》2005年第5期。

张绍彦:《犯罪定义、原因与惩罚的关联分析》,《中国刑事法杂志》2008年第5期。

李锡海:《论犯罪发生的文化原因》,《法学论坛》2007年第2期。

李贵扬:《论被害人量刑意见》,《当代法学》2012年第6期。

吴四江:《锥形结构:被害人之当事人地位的实现模式》,《政治与法律》2012年第10期。

付小容:《刑事损害赔偿影响量刑的法理分析》,《暨南学报(社会科学版)》2013年第10期。

付小容:《质疑与回应:“赔钱减刑”的正当性论辩》,《西南大学学报(社会科学版)》2016年第2期。

强世功:《“法律不入之地”的民事调解——对一起“依法收贷”案的再分析》,《比较法研究》1998年第3期。

萨其荣桂:《刑事和解实践中的行动者——法社会视野下的制度变迁与行动者逻辑》,《现代法学》2012年第2期。

宋高初:《当代中国刑事纠纷处理过程中的“破财免灾”现象评析》,《法学评论》2010年第4期。

肖敏:《赔钱减刑的价值危机及其消解》,《华中科技大学学报(社科版)》2013年第2期。

王丽英、杨翠芬:《恢复性司法与“赔钱减刑”的制度化思考》,《河北学刊》2011年第1期。

刘晓山:《报应论与预防论的融合与分配——刑罚正当化根据新论》,《法学评论》2011年第1期。

李兰英、蒋凌申:《论“因侵权而犯罪”与“因犯罪而侵权”》,《现代法学》2012年第4期。

田宏杰:《宽容与平衡:中国刑法现代化的伦理思考》,《政法论坛》2006年第2期。

谢锐勤:《天使还是魔鬼:揭开“赔钱减刑”的面纱——以治理为导向的刑事和解实践》,《法律适用》2014 年第 7 期。

陈小彪、佘杰新:《乡土社会刑事法律实效研究——从“游离”的刑事私了到“规范”的刑事和解》,《广州大学学报(社会科学版)》2015 年第 3 期。

程红:《刑罚与损害赔偿之关系新探》,《法学》2005 年第 3 期。

沈玉忠:《刑法视野中损害赔偿制度》,《广西大学学报(哲社版)》2007 年第 3 期。

李卫红、孙长春:《犯罪被害人的经济救济》,《当代法学》2007 年第 3 期。

吴立志:《对黄岩帕萨特辗压老人致死案定罪量刑的思考——兼论赔钱减刑》,《政法论丛》2007 年第 5 期。

孙平:《法国法中犯罪行为引起侵权损害赔偿之司法救济》,《华东政法大学学报》2007 年第 3 期。

贾彬:《论原始社会犯罪人赔偿制度》,《犯罪研究》2009 年第 5 期。

[美]埃米利·希尔弗曼:《美国的刑事赔偿制度(上)》,刘孝敏译,《刑法论丛》第 10 卷,2006 年。

[美]埃米利·希尔弗曼:《美国的刑事赔偿制度(下)》,刘孝敏译,《刑法论丛》第 11 卷,2007 年。

Detlev Frehsee:《德国刑事法律中的赔偿和犯罪人——加害人和解:发展历程与理论内涵》,陈虎译,《人大法律评论》2009 年卷。

朱铁军:《民事赔偿的刑法意义》,《刑事法评论》第 26 卷(2010)。

何显兵:《恢复性司法视野下赔偿与量刑关系的重构》,《西南政法大学学报》2012 年第 2 期。

白云飞:《量刑中的损害赔偿问题研究》,《求索》2010 年第 11 期。

吴江、张旭辉:《美国刑事赔偿令的立法和司法实践》,《中国刑事法杂志》2011 年第 3 期。

郑东:《恢复性司法视角下的“赔钱减刑”现象》,《河北法学》2011 年第 10 期。

海伟:《“犯罪人赔偿物质损失”量刑情节的适用》,《人民司法》2012 年第 5 期。

石经海、李婉楠:《我国刑事司法中的“量刑交易”现象研究》,《西南政法大学学报》2016 年第 4 期。

方晓春、孙枯昌、詹荣宗:《死刑案件中的民事赔偿与量刑问题思考》,《人民检察》2010 年第 7 期。

林喜芬:《论刑事司法中的被害补偿——基于日本经验的比较分析》,《兰州学刊》2016 年第 11 期。

孙华璞:《公平主义刑罚观之提倡》,《法学》2016 年第 10 期。

蒋凌申:《论刑事和解中权利与权力的边界及处分限度——以民刑责任良性互补为视角》,《中国刑事法杂志》2016 年第 5 期。

胡胜:《未成年人犯罪民事赔偿问题反思与重构》,《法律适用》2017 年第 23 期。

王震:《从被害人视角重构刑法理论追问》,《社会科学战线》2017 年第 11 期。

后　记

如何在刑事司法中既保障犯罪人基本人权又关注被害人的利益保护，是当前刑事政策面临的一项重大课题，为此，刑事立法和司法做出了不懈努力，以实现两大目标之衡平。程序法上对刑事和解制度的确认，肯定了对当事人“合意”的尊重，推动了协商性司法的进程，刑事和解的实践探索与理论研究也处于如火如荼的进程之中。或许是性格所致抑或是性别使然，我倾向于以相对平和的方式实现刑事冲突的消弭，并深切关注刑事案件的被害人。2006年选择了“刑事和解研究”作为硕士毕业论文选题，虽然由于水平有限导致研究不够深入，但伴随刑事和解的立法和司法推进，我进一步坚定了我的研究路径，随之而来的思考是：既然刑事和解作为一种“合意性”纠纷解决方式可以被立法确认和理论证成，为何在一般性刑事诉讼程序中，将犯罪人的积极赔偿作为量刑情节，换得刑罚的从轻却屡屡招致质疑与批评呢？为解心中疑惑，更为澄清“赔钱减刑”之本来面目，我的博士论文选题确立为“赔钱减刑”研究。此后几年，我的大部分学术兴趣、学术研究都围绕量刑与赔偿展开，该专著正是在博士论文的基础上修改而成。

本书得以顺利完稿离不开我的博士研究生导师王利荣教授，是她高屋建瓴的指导，让我颇受启发，思路清晰；每每论文写作到了“山穷水尽”之时，是她一针见血的透彻点拨，让我茅塞顿开，“柳暗花明”；论文修改中，更是她的“妙笔生花”甚至不厌其烦的字斟句酌，使论文得以完稿。总之，回想与导师的多年相处，恩师超凡的学术睿智、独到的学术视角、严谨的治学态度、豁达与宽容的性格让我难以望其项背，又终生受益。在此，借该专著出版之际，对恩师多年的培养表示最诚挚的敬意和最衷心的感谢！

在作品初成之际，我也想借此机会表达对家人的深切爱意。先生宽厚的性格、踏实的作风、严密的思维一直是我学习的榜样，他的爱与包容除去了我的浮躁与不安。博士论文写作的一年时间恰巧是我在美国访学的时间，是大儿子廖晨皓的陪伴充实了我的内心，儿子对母亲的依恋和崇敬之情，一直是我不懈追求的不竭动力。专著修改出版期间，小儿子廖晨希刚刚牙牙学语，每每身心疲惫之际，他稚嫩的脸庞和无惧一切的灿烂笑容是我幸福的源泉。

我深知，专著的写作过程既是长期思想积淀的“水到渠成”，更是又一次的学习和升华过程。在这样一个学习过程中，我理清了很多思路，但是仍然有很多需要继续学习和有待深入研究的内容。按理，“赔钱减刑”既为司法活动，对其研究也应最终落实到服务司法实践，因而，建构制度，提炼规则，明确赔偿与刑罚结合之有效路径，方能有助于改善“赔钱减刑”“赔钱未获减刑”“不减不赔”等司法乱象，实现“赔钱减刑”的量刑规范，合理量刑结论和重树司法信度。此书重点完成了价值论证部分的内容，伴随该课题的深入，下一步研究重点是总结实践规律，确立“赔钱减刑”的实体规则与程序规则，构建“赔钱减刑”量刑规范。该过程任重而道远！

付小容

2018 年 3 月 23 日

责任编辑:李媛媛
装帧设计:周方亚
责任校对:陈艳华

图书在版编目(CIP)数据

"赔钱减刑"价值研究/付小容 著. —北京:人民出版社,2018.6
ISBN 978-7-01-019412-7

Ⅰ.①赔… Ⅱ.①付… Ⅲ.①减刑-研究 Ⅳ.①D914.104

中国版本图书馆 CIP 数据核字(2018)第 119278 号

"赔钱减刑"价值研究
PEIQIAN JIANXING JIAZHI YANJIU

付小容 著

人民出版社 出版发行
(100706 北京市东城区隆福寺街 99 号)

环球东方(北京)印务有限公司印刷 新华书店经销

2018 年 6 月第 1 版 2018 年 6 月北京第 1 次印刷
开本:710 毫米×1000 毫米 1/16 印张:11.75
字数:143 千字

ISBN 978-7-01-019412-7 定价:42.00 元

邮购地址 100706 北京市东城区隆福寺街 99 号
人民东方图书销售中心 电话 (010)65250042 65289539